RAPHAËL SANZIO.

PARIS. IMPRIMÉ PAR PLON FRÈRES,
RUE DE VAUGIRARD, 36.

MICHEL-ANGE

ET

RAPHAËL SANZIO.

Par ALEX. DUMAS.

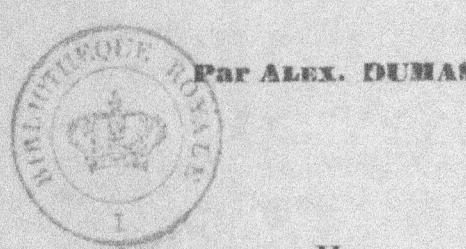

II.

PARIS.

RECOULES, ÉDITEUR,

RUE DES MATHURINS—SAINT—JACQUES, N. 24.

1845.

RAPHAËL SANZIO D'URBIN.

Si vous parcourez l'Italie, et au milieu de l'Italie la belle Florence; si vous visitez cette splendide GALERIE DES OFFICES, dont nous essayons d'écrire l'histoire, entrez dans la salle des Peintres, et là, au-dessus du portrait du Pérugin, au-dessous de celui de Michel-Ange, cherchez une tête aux suaves contours, aux longs cheveux noirs, aux grands yeux pleins de mélancolie, au teint pâle, au cou frêle et gracieux comme la tige d'un lis; puis, lorsque vous l'aurez reconnue sur le signalement que nous vous donnons, tombez à genoux, qui que vous soyez ! pourvu que vous soyez artiste : vous êtes devant le peintre au nom d'ange, et à l'angélique talent ; vous êtes devant le divin Raphaël. Car le hasard s'est amusé parfois à harmonier des noms avec des individus ; car la nature a pris parfois plaisir à réunir dans une seule ressemblance le génie de l'âme avec les traits de la figure.

Voyez ce vieillard qui descend solitaire et sombre les degrés de Saint-Pierre, sans un ami qui le soutienne, sans un disciple qui l'accompagne : c'est l'exécuteur des vengeances célestes, c'est l'archange Michel. Voyez ce jeune homme qui monte au Vatican, entouré d'une cour de cardinaux et d'une armée d'élèves : c'est l'ange des miséricordes infinies, c'est Raphaël. Aussi, s'ils se rencontrent, écoutez-les.

« Accompagné comme un roi, » dit Michel-Ange.

« Seul comme le bourreau, » répond Raphaël.

Et maintenant que nous avons dit cette vie de lutte et d'agitation que subit l'auteur du Jugement dernier, disons cette vie de bonheur et de triomphe à laquelle n'eut qu'à se laisser aller l'auteur de la Transfiguration.

Un jour de vendredi-saint, en l'an de grâce 1483, à cette heure même où le Christ avait rendu le dernier soupir, naquit de Jean Sanzio un enfant qui reçut le nom de Raphaël.

Ce Jean Sanzio était d'une vieille famille, de la famille des Santi. Quelques savants oisifs se sont amusés à donner la preuve de cette intéressante vérité, comme s'il était important de savoir de qui descendait Jean Sanzio quand on sait que Raphaël est descendu de lui.

De l'enfance de Raphaël, on ne sait rien : quelle éducation il reçut, on l'ignore. Les lettres du peintre d'Urbin, qui sont parvenues jusqu'à nous, sont presque toutes écrites dans le patois maternel. D'ailleurs, Jean Sanzio n'avait pas eu l'intention, comme Léonard

Buonarroti, de faire de son fils un podestat : il avait tout d'abord décidé que le jeune Raphaël serait peintre; or, au lieu de lui mettre des livres sous le bras, il lui avait mis un pinceau à la main. Tout enfant, le jeune Raphaël copiait donc les tableaux de son père, qui était un pauvre maître; dans ses moments perdus, il étudiait la nature, qui est une riche et grande maîtresse.

Raphaël avait atteint l'âge de quatorze ans, lorsqu'un jour son père s'aperçut qu'il n'avait plus rien à lui apprendre. Le maître en réputation à cette époque était Pierre Vanucci, dit le Pérugin. Jean partit avec son fils pour Pérouse, et, sur ses instances, il eut le bonheur de le voir entrer dans l'atelier de celui qu'on regardait avec raison comme le premier maître de son temps.

Un ouvrage de Raphaël, que l'on cite comme antérieur à son entrée chez le Pérugin, est une Madone peinte à fresque dans la cour de la maison paternelle.

Jamais inspiration n'avait été si heureuse. Si un maître convenait à Raphaël, c'était le

Pérugin ; si un élève convenait au Pérugin, c'était Raphaël. Nom d'ange et chaste talent, tout cela grandissait dans l'ombre de cette belle école ombrienne, dont le tombeau de saint François d'Assise s'était fait le centre. Ce fut là que le jeune élève étudia ces douces têtes de Vierge, dont il perfectionna l'ovale, mais dont il ne dépassa jamais l'idéalité, et ces majestueuses têtes de vieillard qui sont restées comme des modèles d'expression. Quant au degré où en était arrivé l'art à cette époque, on peut, si l'on veut s'en faire une idée, jeter un coup d'œil sur les écoles contemporaines que fondaient Léonard de Vinci à Milan, Jean Bellin à Venise, Francia à Bologne et Dominique Ghirlandaio à Florence.

Au bout de deux ou trois ans d'études chez le Pérugin, Raphaël avait, sinon surpassé son maître, du moins atteint une si grande perfection dans sa propre manière, qu'il était difficile de distinguer dans un tableau, fait par eux de compagnie, les portions exécutées par le Pérugin, les portions exécutées par Raphaël. Or quel âge avait le jeune

Sanzio quand son génie se fondait déjà ainsi dans le talent de son maître ? dix-sept ou dix-huit ans à peine.

Vers cette époque des affaires d'intérêt appelèrent le Pérugin à Florence, et l'y retinrent pendant quelque temps. Raphaël se trouva libre : le jeune oiseau essaya timidement son aile, et, ayant pris son vol, alla s'abattre à *Città di Castello*.

C'était l'époque de l'art par excellence : on eût dit que tous les Italiens, jusqu'aux tyrans, avaient le cœur artiste. A peine eut-on appris dans la ville qu'un élève du Pérugin venait d'arriver, et que cet élève était le favori et travaillait côte à côte avec le maître, que les braves habitants de la ville vinrent lui demander un tableau : ce tableau, dont le sujet lui fut donné, est le Saint Nicolas de Tolentino, autrement dit le Saint Nicolas-aux-Ermites, dont Vasari fait mention en disant que, si le tableau n'eût pas été signé du nom de Raphaël, on eût pu le prendre pour une des meilleures œuvres du Pérugin.

Ce tableau est aujourd'hui au Vatican, près de la Transfiguration : c'est le départ, c'est l'arrivée, c'est l'alpha, c'est l'oméga, c'est le talent naissant, c'est le génie arrivé à son apogée. Il y a tout un monde de production entre ces deux tableaux.

C'est de la même époque et du même voyage que date encore une autre composition, qu'il fit pour l'église Saint-Dominique, représentant un Christ en croix accompagné de deux anges recueillant, chacun dans un calice, l'un le sang qui sort de la main, l'autre le sang qui jaillit du côté; au-dessus de la tête de Jésus est le Père éternel, au pied de la croix sont la sainte Vierge, sainte Marie-Madeleine, saint Jean et un autre saint.

Ce tableau fait encore aujourd'hui partie, à ce que je crois, de la belle galerie du cardinal Fesch.

Puis, le seigneur de Fermo, chez lequel Morcelli l'a vu, possédait encore un autre tableau de Raphaël; c'était un enfant Jésus dormant tandis que la Vierge soulève le voile dont il est couvert, saint Joseph les regarde appuyé sur un bâton, et le long de ce bâton on lisait l'inscription suivante :

R. S. V. A. A. XVII. P.

c'est-à-dire :

RAPHAEL SANCTIVS VRBINAS ANNO ÆTATIS XVII PINXIT.

Maintenant est-ce en revenant à Pérouse, est-ce avant de quitter cette ville que Raphaël avait fait, pour Madeleine degli Oddi, le tableau de l'Assomption dont parle Vasari, et qu'il regarde déjà comme une œuvre de maître? C'est ce qui importe beaucoup aux chronologistes, mais ce qui importe très-peu à nos lecteurs. Il est de cette période : voilà tout ce qu'il était important de savoir. Tant il y a qu'en quittant sa boutique (comme on appelait alors l'otelier du peintre), Pierre Vanucci avait laissé à Pérouse un écolier; et qu'en rentrant à Pérouse il y retrouva un maître.

A partir de ce moment Raphaël commença cette carrière si glorieusement parcourue; mais, soit reconnaissance, soit doute de lui-même, Sanzio continue de s'appuyer sur Pérugin. En 1501, c'est-à-dire à dix-huit ans, il fait, pour l'église Saint-François à *Città di Castello*, le fameux *Sposalizio* (que la gravure de Longhi a popularisé dans toute l'Europe), que l'on crut long-temps un original, et qui n'était qu'une copie du même tableau exécuté par le Pérugin, en 1495, pour l'autel Saint-Joseph à Pérouse; mais une copie comme pouvait être une copie de Raphaël, c'est-à-dire une copie exécutée avec une supériorité de pinceau déjà si visible, que Vasari (malgré son admiration pour Michel-Ange) dit, en parlant de ce tableau: *Cosa mirabile, a vedere le difficoltà che andava cercando*; c'est-à-dire: que c'était déjà chose admirable, que de voir les difficultés que le jeune maître se faisait un plaisir de s'imposer pour les vaincre.

Vers cette époque, le Pinturicchio, élève du Pérugin comme Raphaël, mais plus âgé que lui d'une quinzaine d'années, fut appelé à Sienne par le cardinal François Piccolomini pour décorer la bibliothèque qui avait été élevée par le pape Pie II dans la cathédrale de cette ville: une fois en face de cette gigantesque opération, il comprit qu'il n'était pas de taille à l'accomplir seul ; et, ayant songé à son jeune camarade Sanzio, dont il avait souvent admiré l'habile composition et le pinceau facile, il lui écrivit de venir le joindre.

Raphaël était à cet âge où l'on ne demande qu'à mettre au dehors ce qu'on a en soi, n'importe en faveur de qui. Il accepta la proposition de celui que, dans sa modestie juvénile, il regardait comme un second maître, et (s'il faut en croire Vasari, qui prétendait, à l'époque où il écrivait sa Vie des peintres, avoir encore bon nombre d'esquisses entre les mains) fit la majeure partie des cartons d'après lesquels furent exécutés les dix tableaux qui composaient l'ornementation de cette bibliothèque.

Cet ouvrage du Pinturicchio eut un grand retentissement. On y trouva une richesse de composition, une largeur d'ordonnance et une habileté d'exécution inconnue jusqu'alors. L'avenir, en laissant le Pinturicchio un artiste secondaire, et en faisant de Sanzio le prince des peintres, révéla le mystère de ce progrès : le progrès c'était Raphaël.

Vers cette époque, le jeune artiste fit un premier voyage à Florence ; mais il reste peu de traces de ce voyage. Florence était préoccupée en ce moment de la lutte de deux génies du premier ordre : c'était en 1503, et Léonard de Vinci et Michel-Ange faisaient ces fameux cartons dont nous avons déjà parlé dans la Vie de chacun d'eux. Aussi Raphaël, manquant de protecteurs, trop jeune pour recourir à l'intrigue, à peu près inconnu encore, ou connu seulement comme élève du Pérugin, ou second du Pinturicchio, ne laissa-t-il aucune trace de son passage. Cependant il en avait vu assez pour désirer revenir : cette arène lui avait paru digne de lui. Il avait hâte de venir écrire son nom au milieu des noms célèbres qui faisaient de Florence à cette époque la reine des arts. Il retourna donc dans sa patrie, y resta un an à peu près, et revint cette fois porteur d'une lettre de la duchesse d'Urbin pour ce bon gonfalonier perpétuel Pierre Soderini que Machiavel son secrétaire a immortalisé par une épigramme. La lettre était conçue en ces termes :

« Magnifique et très-haut seigneur en même temps que père très-respectable (1),

» Celui qui vous remettra cette lettre est Raphaël, peintre, d'Urbin, lequel, ayant de bonnes dispositions dans son art, a décidé qu'il passerait quelque temps à Florence dans le but d'étudier, et comme son père, très-excellent homme, m'est fort attaché, et que le fils est un courtois et gentil garçon que j'aime de tout mon cœur, et que je désire voir réussir, je le recommande à Votre Seigneurie aussi chaudement que je puis, la

---

(1) Cette espèce de suscription est en latin, le reste de la lettre est en italien.

priant, pour l'amour de moi, de lui prêter en toute occasion aide et faveur, assurant à Votre Seigneurie que je tiendrai comme étant rendus à moi-même tous les services qu'elle lui rendra, et que j'en serai on ne peut plus reconnaissante à Votre Seigneurie, à laquelle je me recommande aussi moi-même.

» JOANNA FELTRIA DA RUVERE,

» Ducissa Soræ, et urbis præfectissima.

» Urbini, prima octobris 1504. »

Heureux Raphaël qui entrait dans le monde sous les auspices d'une femme !

On comprend que porteur d'une pareille lettre le jeune artiste fut le bienvenu. D'ailleurs c'était un bon homme au bout du compte que ce Pierre Soderini qui commandait à Michel-Ange deux statues gigantesques et qui se contentait, en les payant le prix convenu, de faire à l'irascible sculpteur quelques observations sur le nez de l'une d'elles ; allez demander à nos artistes s'ils ne s'abonneraient pas à de si douces critiques de la part des turcarets qui occupent leurs ciseaux.

Il est vrai que nos artistes ne sont pas des Michel-Ange.

Soderini recommanda donc à son tour son jeune protégé aux premiers de la ville, à Thaddée Taddei, à Laurent Nasi, et à Ange Doni; quant à ses confrères les artistes, le jeune Sanzio était déjà assez connu pour se recommander à eux de lui-même : c'est de cette époque que data sa liaison avec Rodolphe Ghirlandaio, Aristote de San Gallo, probablement frère Bartholomée, et peut-être Francia.

Au reste, sur la recommandation du gonfalonier chacun s'empressa près de Raphaël : Thaddée Taddei lui offrit un logement dans sa maison et une place à sa table, et de plus il lui commanda deux tableaux; de son côté Laurent Nasi lui commanda une Sainte-Famille, et Ange Doni lui fit faire son portrait et celui de Madeleine sa femme.

Ces deux tableaux de Thaddée Taddei
furent vendus depuis : l'un quatre mille écus
romains à l'archiduc Ferdinand d'Autriche,
l'autre vingt-quatre mille écus au gouvernement anglais.

Quant à la Vierge de Laurent Nasi, qui
est, si je ne me trompe, la Vierge au chardonneret, elle manqua disparaître en 1548
lorsqu'un éboulement du mont Saint-Georges
engloutit le palais de Laurent Nasi : ensevelie
sous les ruines, on la retrouva en morceaux ;
ces morceaux furent rejoints, rajustés et restaurés, et c'est encore un des plus beaux tableaux de la Galerie de Florence.

De leur côté les portraits d'Ange et de Madeleine Doni, sans être perdus tout à fait,
furent long-temps égarés ; transportés très-anciennement, et l'on ne sait de quelle manière, à Avignon, on ignora long-temps ce
qu'ils étaient devenus ; reportés en Italie, ils
ont été, il y a quelques années, achetés par
le grand-duc et sont deux des plus riches
joyaux de cet écrin artistique qu'on appelle
le palais Pitti.

Pendant que Raphaël se livrait à ces travaux il apprit la mort de son père. Hélas! le pauvre Jean Sanzio n'avait vu que l'aurore de la gloire de son Raphaël; si son père l'eût vu monter en triomphateur l'escalier du Vatican, c'eût été vraiment un trop heureux père.

Le duc d'Urbin l'arrêta au passage, et tout vêtu de deuil, tout baigné de pleurs qu'il était, il lui fallut faire pour Guidobaldo de Montefeltro deux Vierges, un Christ au jardin des Oliviers, et trois autres petits tableaux dont deux sont aujourd'hui au musée du Louvre.

L'un est saint Georges à cheval, l'autre saint Michel combattant les monstres.

En 1505 Raphaël quitta Urbin pour n'y plus rentrer.

Selon toute probabilité, ce fut à Pérouse, sa ville adoptive, que Raphaël retourna en quittant sa ville natale. C'est donc là que nous le retrouvons exécutant trois grands ouvrages. Le premier, qui était destiné à l'église des Pères servites, représentait la Vierge entre saint Jean-Baptiste et saint Nicolas; ce tableau est aujourd'hui en Angleterre.

Le second, qui était une fresque, représente le Christ dans sa gloire, et Dieu le Père et ses anges, ayant six saints assis trois de chaque côté; cette fresque, signée en grosses lettres du nom de Raphaël et portant la date de 1505, fut exécutée pour les Camaldules de Saint-Sévère.

Le troisième était destiné aux religieuses de Saint-Antoine: c'était ce qu'on appelait alors une Piété; nous avons expliqué à propos de Michel-Ange ce que c'était que *una Pietà*. La Vierge tenait son fils mort sur ses genoux. Quatre saints, deux saints et deux saintes, saint Pierre et saint Paul, sainte Cécile et sainte Catherine, complétaient l'ensemble de ce tableau, dont la figure principale, selon la condition stipulée dans le contrat, et sur la demande des bonnes religieuses, devait être drapée. En outre, le Père éternel placé dans un cadre demi-circulaire dominait cette composition, tandis que le marchepied de l'autel était accompagné de trois petits sujets représentant, l'un le Christ au jardin, l'autre le Christ portant sa croix, et le troisième le Christ mort sur les genoux de sa mère.

Un beau jour les pauvres religieuses eurent besoin d'argent: cinq tableaux de Raphaël étaient un véritable trésor, la composition fut démembrée et vendue pièce à pièce. On ne sait ce que sont devenus les petits sujets; mais le grand, après avoir passé par le palais Colonna à Rome, est devenu la propriété de la Galerie Royale de Naples.

Ces trois tableaux exécutés, Raphaël se sentit pris du besoin de retourner à Florence; vainement Atalanta Baglioni voulut-elle le retenir, lui offrant de lui payer au poids de l'or une Déposition de croix. Sanzio ne voulut prendre avec elle d'autre engagement que de lui envoyer le carton de cette composition aussitôt qu'il serait à Florence; Raphaël tint cette promesse, et, le carton envoyé, il revint plus tard exécuter la peinture.

Maintenant, quelle cause si impérieuse ramenait Sanzio à Florence? Ce besoin de lutte, que tout homme fort sent en lui-même. Pour l'artiste, il n'y a existence que s'il y a combat, et il ne se sent vivre que vainqueur par la joie ou vaincu par la douleur.

Puis on parlait énormément, à cette époque, de ces deux fameux cartons de Michel-Ange et de Léonard de Vinci, qui allaient enfin être exposés au palais de la Seigneurie. Raphaël, qui avait sans doute déjà vu quelques tableaux de Léonard, ne devait connaître absolument rien de Michel-Ange que sa statue de David, ou quelque autre bloc de marbre taillé. Il lui restait donc à étudier le dessin de cet homme étrange qui, sans être peintre, a laissé la plus gigantesque peinture qui soit connue dans le monde entier.

En attendant qu'il pût faire cette grande étude en face de ce grand rival, Raphaël partagea son temps entre l'atelier de Fra-Bartolomeo et la chapelle del Carmine, peinte il y avait déjà soixante ans par Masaccio. L'ami

2.

vivant et le maître mort possédaient chacun une qualité qui manquait spécialement à l'école du Pérugin : c'était, pour le premier, la vigueur des tons, la largeur du pinceau et la science des demi-teintes; c'était, pour le second, la variété de l'ajustement et la justesse de l'expression.

Mais Raphaël avait un de ces heureux génies qui, doués par-dessus toute chose de la puissance d'assimilation, absorbent, comme l'abeille fait du suc des fleurs, les qualités qui font l'individualité de ses rivaux, et se compose, à soi, une magnifique manière de toutes ces manières différentes.

En échange, Raphaël apprit à Fra-Bartolomeo la perspective, que celui-ci ignorait entièrement, et qui faisait la première base des études dans l'école du Pérugin; ce dont on peut s'assurer en voyant ce fameux tableau du Sposalizio, que Raphaël exécuta à dix-huit ans.

Quant à Masaccio, son jeune successeur ne pouvait que l'admirer; et il prouva cette admiration à la postérité en copiant, plus tard, son Adam et Ève des Loges du Vatican, et l'ange qui tient l'épée flamboyante.

Enfin arriva l'an 1506, et le fameux carton, tant promis et tant vanté, parut.

Il est difficile de se rendre compte de la sensation que ce dessin, regardé alors par tous comme le chef-d'œuvre des chefs-d'œuvre, produisit sur Raphaël : trop jeune encore, trop nourri des principes chastes et sévères de l'école chrétienne, pour apprécier cette étrange étude anatomique, ne se sentant probablement aucune sympathie pour cette exhibition de tendons, de muscles et de nerfs, il dut admirer sans doute, mais comme on admire une de ces choses qu'on aime autant voir faites par un autre que par soi-même. Il lui fallait toute la maturité de talent que devaient amener les huit ou dix années suivantes, pour que l'indiscrétion de Bramante, à l'endroit de la chapelle Sixtine, pût faire faire à Raphaël l'Incendie du Bourg.

Mais, pour le moment, on ne trouve dans

ce génie, si impressionnable cependant, aucune trace de l'effet produit par le carton de Michel-Ange. Comme la sensitive, le jeune et timide Sanzio s'était retiré au rude toucher de cet homme — et ce fut un grand bonheur pour l'art. Raphaël imitant Michel-Ange aurait sauté par-dessus sa seconde manière.

Aussi, après avoir vu ce carton, Raphaël se retira-t-il chez son ami Fra-Bartolomeo, et exécuta-t-il le carton de la Déposition de croix destinée à la chapelle Baglioni.

Peut-être cependant un des personnages qui concourent à cette composition doit-il quelque chose au carton de Michel-Ange. C'est l'homme qui monte à reculons, et dans lequel on voit la double expression de la douleur morale et de l'effort physique.

Puis après ce tableau vient la Vierge à la jardinière, cette suave composition que Sanzio exécuta pour Sienne, et qui porte la date de 1507.

Ce fut vers ce temps sans doute qu'arriva

à Raphaël quelque lettre de son oncle Bramante, architecte de Jules II ; car nous voyons tout à coup le jeune homme abandonner ses tableaux, commencer sa Belle Jardinière, dont il laisse la draperie bleue à peindre à son ami Ghirlandaio, et son tableau de l'Assomption, qu'il s'était engagé à exécuter par un contrat daté de 1505, et sur lequel il avait déjà reçu un à-compte de trente ducats d'or. — Ce tableau ne devait jamais être fini par Raphaël, et ce furent Francesco Penni et Jules Romain qui l'achevèrent.

C'est que la réputation de Raphaël était parvenue à la cour des papes, et Jules II l'appelait près de lui pour peindre les fameuses salles du Vatican — les Stanze.

Enfin l'ambition de Raphaël était donc comblée ; il allait lutter avec les premiers génies de l'époque : Michel-Ange l'attendait à Rome, Léonard de Vinci allait y venir.

Jules II accueillit Raphaël de manière à confirmer toutes les espérances que Bramante lui avait données dans sa lettre. Le fougueux pontife, ardent comme un général qui a une victoire à remporter, ordonna à Sanzio de se mettre à l'œuvre à l'instant même, lui livrant la salle de la Segnatura pour son champ de bataille.

Tout le monde connaît les Stanze, ou pour avoir vu les fresques originales, ou pour avoir vu les gravures qu'en ont faites Volpato et Morghen. Nous ne nous appesantirons donc pas sur les détails. D'ailleurs, toutes les formules d'éloge ont été épuisées. Que dirions-nous après Vasari, le premier biographe, et après Quatremère de Quincy, le dernier historien de Raphaël?

Seulement, lorsque Jules II vit l'École d'Athènes, la première des quatorze fresques qu'exécuta Sanzio, il fut tellement émerveillé qu'il donna sur-le-champ l'ordre de gratter tous les travaux qu'avaient déjà exécutés les autres peintres dans les autres salles. Or, ces autres peintres étaient les peintres les plus renommés de l'époque; c'étaient Lecca Signorelli, Pietro della Francesca, Bartolomeo della

Gatta, Bramantino de Milan, Antonio Razzi et Pérugin.

Mais Raphaël se souvint qu'il était élève du dernier, et, sur sa recommandation, on respecta les peintures de la salle de Charlemagne qui étaient de lui.

A partir de ce moment, l'existence de Raphaël fut un triomphe continuel. *Viveva da principe*, Il vivait en prince, dit Vasari; oui, certes, en véritable prince, car il était jeune, il était riche, il était resplendissant de renommée, et, plus que tout cela, il était beau.

Oui, beau de cette beauté douce et intéressante, où le caractère de l'homme se mêle en quelque sorte à la faiblesse de la femme ; beau surtout quand on le regardait long-temps, et l'on regarde toujours long-temps les hommes de génie : beau d'élégance et de mélancolie, beau malgré ses membres un peu grêles et son cou trop élancé, beau surtout de ce long regard qui, s'arrêtant sur chaque femme, semblait dire : Aimez-moi, je sais aimer !

Puis, avec cela il était bon, doux, affable,

souriant sans cesse ; — il n'était point envieux, car c'était lui qu'on enviait.

Et il fallait bien que ce fût ainsi ; car dans cette armée d'élèves dont il était entouré, il ne se trouva point, je ne dirai pas un rival, mais un ennemi ; — tous s'empressaient à ses ordres, tous accouraient à un signe, tous lui obéissaient comme à un maître, tous l'adoraient comme un Dieu.

Chacun faisait le sacrifice de sa gloire particulière à la gloire du maître ; toute individualité s'absorbait dans le génie qui dirigeait l'immense mouvement ; — trois cents bras exprimaient une seule pensée ; trois cents âmes vivaient dans une seule âme.

Cela ne rappelle-t-il pas ces milliers de bienheureux dont parle Dante, dont toutes les âmes forment un oiseau gigantesque et resplendissant, qui chante les louanges du Seigneur ?

Maintenant, laissons de côté toutes ces misérables petites querelles de Raphaël et de

Michel-Ange, et suivons l'élu de la terre et du ciel dans sa splendide carrière.

Ce fut alors, grâce à cette multiplicité d'action que lui donnaient ses élèves, que Raphaël entreprit ces travaux gigantesques qu'une existence octogénaire aurait eu peine à achever.

En effet, en même temps qu'il dessine des compositions sans fin, que Marc-Antoine reproduit par la gravure, en même temps qu'il exécute les fresques des Stanze, les Prophètes et les Sibylles d'Augustin Chigi, qu'il bâtit les Loggie et qu'il les couvre d'arabesques, il trace dans la Farnésine la composition de sa Galatée, embrassant ainsi d'un seul coup l'expression entière de l'art contemporain, depuis l'art idéaliste jusqu'à l'art païen.

Puis, tout pressé qu'il est par Jules II ou par Léon X, tout sollicité qu'il est par François 1er, il trouve encore le temps de faire pour François Encolani de Bologne la splendide Vision d'Ezéchiel, et pour Sigismond Conti la merveilleuse Vierge de Foligno.

Puis, après avoir fini la première salle du Vatican, qui contient la Dispute du Saint-Sacrement, l'École d'Athènes, le Parnasse et la Jurisprudence, il ouvre, vers le commencement de 1510, les portes de la seconde salle, et commence à exécuter son Miracle de Bolsena, son Héliodore battu de verges, sa Délivrance de saint Pierre, et son Attila.

Comme nous l'avons fait pour la première salle, nous nous contenterons de renvoyer nos lecteurs aux gravures et aux originaux, en constatant seulement que l'Héliodore battu de verges est peut-être, comme composition et comme exécution, le chef-d'œuvre de Raphaël.

Maintenant, passons, pour suivre l'artiste dans son travail, passons, dis-je, au dedans et au dehors, des Stanze aux Loggie.

Bramante était mort : ce second père de Raphaël, auquel Raphaël devait autant qu'à son véritable père Jean Sanzio, Léon X, qui ne sachant plus de quels honneurs accabler Raphaël pour le fixer à sa cour, Léon X, qui devait en arriver à lui offrir enfin le chapeau de cardinal, Léon X venait de nommer Raphaël son architecte.

Il s'agissait d'abord, dans ce nouvel emploi, de continuer la cour du Vatican dont Bramante avait planté les fondations. Raphaël la porta à trois étages de galeries faisant saillie au dehors : ces saillies, ouvertes en portiques, furent exécutées sur le modèle en bois qu'en fit Sanzio lui-même.

Raphaël avait d'avance, lorsqu'il fit le modèle, son plan arrêté. Il voulait essayer d'un nouveau genre d'ornement ; il voulait, pour qu'aucune branche de l'art ne lui échappât, faire de la décoration antique.

Au reste, l'idée ne venait pas entièrement de lui. Un certain Morto da Feltro, fouilleur acharné, cité par Vasari, avait déjà, à force de remuer la terre, défoncé quelques tombeaux, dans lesquels s'étaient conservés certains ornements, qu'il avait appelés *grottesche* — de la localité dans laquelle il les avait rencontrés : *grotte.* — Raphaël avait déjà pu apprécier, d'après les travaux de Morto da Feltro, tout l'avantage qu'un homme pouvait tirer de cette imitation de l'antique, lorsque la nouvelle lui arriva qu'on venait de découvrir les Thermes de Titus.

Raphaël n'était pas homme à attendre que les renseignements lui vinssent par un autre que par lui-même : il descendit un des premiers, un flambeau à la main, dans ces longues salles souterraines, qui, conservées par leur ensevelissement même, avaient gardé toute la fraîcheur de leur coloris. Il comprit à l'instant même tout le parti que lui offrait ce genre d'ornementation, inconnu jusqu'alors, et il rêva ses *Loggie*.

C'était l'époque de féerie où tout rêve pouvait passer à l'état de réalité. Le plan des Loggie fut fait ; les galeries furent construites, et les parois, préparées et couvertes de l'enduit approprié à la fresque, ne tardèrent pas à offrir leurs grands portiques aux pinceaux du maître.

Raphaël avait juste sous la main l'homme

qu'il lui fallait pour l'exécution de ce gracieux travail. Cet homme, c'était un de ses élèves chéris, nommé Jean d'Udine ; c'était encore un de ces hommes chez lesquels le charme du talent répond à la sonorité du nom. Jean d'Udine exécutait d'ordinaire, dans les tableaux de Raphaël, les fleurs, les fruits et les accessoires ; c'était lui qui avait fait les instruments du tableau de Sainte Cécile. Il descendit avec lui dans les Thermes, il lui dévoila tout son plan ; puis il l'invita à rechercher, à l'aide de la chimie, les éléments qui composaient le stuc à l'aide duquel les anciens moulaient les ornements et les figures en bas-relief. A cette époque, tout peintre était chimiste ; Jean d'Udine se mit à l'œuvre et vint, au bout de quelques jours, annoncer à Raphaël qu'il avait trouvé le procédé qu'il cherchait.

Raphaël avait déjà fait une partie de ses dessins.

On peut examiner l'ensemble de ce magnifique travail dans l'ouvrage de Volpato, dont les belles gravures embrassent l'universalité des Loggie. On y verra le même grand peintre, le même grand poète, le même grand penseur que dans les œuvres qui passent pour des œuvres bien autrement importantes.

Et c'est ici que le vulgaire se trompe étrangement. La foule, qui n'assiste pas à la genèse de la pensée, croit toujours, lorsqu'un grand producteur l'éblouit par de nombreuses productions, que ce qu'elle appelle les choses supérieures se fait lentement, et que ce qu'elle appelle les choses inférieures se fait vite. Rien ne se fait vite, rien ne se fait lentement : chaque chose prend sa place dans la vie, son temps dans l'éternité. Dieu a mis le même soin au ciron qu'à l'éléphant.

Vers ce même temps, comme nous l'avons dit, c'est-à-dire en 1513, Raphaël avait exécuté son tableau de Sainte Cécile, dont Jean d'Udine avait fait les instruments : ce tableau était destiné à la chapelle San Giovani in Monte à Bologne. Il l'adressa à son vieil ami Francia, en le priant d'en surveiller le déballement, et, si quelque accident lui était arrivé, de le réparer à l'aide de son pinceau paternel.

C'est ici l'occasion de réparer une grave erreur de Vasari.

Francia et Sanzio étaient liés d'une vieille amitié. Lorsqu'ils s'étaient connus, leur manière était à peu près la même. Tous deux suivaient scrupuleusement les traditions de l'art idéaliste que Francia devait, comme Pérugin, honorer jusqu'à la fin de sa vie, tandis que Raphaël, génie impressionnable s'il en fut, conquérant éternel de tout ce qu'il trouvait beau, devait, dans sa triple manière, embrasser toutes les formes de l'art, explorer tout le champ du beau. Bref, Raphaël, comme un pont hardi jeté sur un abime de dix-huit siècles, était l'homme qui devait réunir le siècle de Périclès au siècle de Léon X.

Veut-on voir à quel degré d'amitié en était venu le chef de l'école bolonaise avec celui qui devait être le chef de l'école romaine? voici la traduction littérale d'une lettre de Raphaël à Francia :

« *Maître Francesco, mon très-cher,*

« Je reçois à ce moment votre portrait parfaitement conditionné et sans accident aucun, qui m'est remis par Bazzoto. Je vous en remercie mille fois. Il est admirable et si vivant, que parfois je me trompe et crois, en le voyant, que c'est vous-même que je vois, et qu'il va me parler. De mon côté, je vous supplie de compatir à ma situation et de me pardonner la lenteur que je mets à m'acquitter de ma promesse. J'ai de si graves et de si sérieuses occupations, que je n'ai pu, selon que je m'y étais engagé envers vous, finir mon portrait de ma propre main. J'aurais pu vous l'envoyer fait par quelqu'un de mes élèves et retouché par moi, mais cela ne me convient pas ; ce serait d'ailleurs faire connaître que mon portrait ne peut égaler le vôtre. Ainsi donc, encore une fois, ayez par grâce pitié de votre pauvre Raphaël. Vous savez ce que c'est que de n'avoir pas une heure de liberté à soi, n'est-ce pas ! et d'être soumis à un maître. Je vous envoie néanmoins par le même messager qui, dans six jours, part pour vous rejoindre, un autre dessin : c'est celui de la Nativité, fort différent, comme vous le verrez, de l'exécution, et que vous vous êtes tant plu à louer, comme vous faites toujours au reste et d'une façon si gracieuse, quand les choses viennent de moi, que je me sens rougir d'être si fort vanté. Je vous envoie donc, comme je vous le dis, cette bagatelle qui vous fera plaisir, je le sais, et que je vous prie de recevoir comme un signe d'obéissance et d'amitié. Si, en échange, je recevais votre Judith, je la rangerais, je vous le jure, au nombre des choses qui me sont les plus chères et les plus précieuses.

» Monseigneur le dataire attend avec une grande anxiété sa petite, et le cardinal Riario sa grande Madone, comme vous l'entendrez vous-même de la bouche de Bazzoto. Quant à moi je les admirerai, soyez-en sûr, avec ce goût et ce plaisir avec lequel j'ai toujours vu ce qui venait de vous, ne connaissant rien de plus beau, de plus religieux et de mieux fait que ce que vous faites. Et maintenant ayez bon courage, enveloppez-vous de votre prudence accoutumée, et soyez certain que je sens vos afflictions comme si elles étaient miennes. Aimez-moi toujours comme je vous aime, du fond du cœur.

» Toujours votre obligé, quand je pourrai vous être bon à quelque chose.

» Votre RAPHAËL SANZIO. »

» Rome, 5 septembre 1508. »

Voilà donc, comme nous l'avons dit, le degré d'amitié où en étaient Raphaël et Francia, lorsque le premier envoya au second sa Sainte Cécile, en le priant de la déballer et de la retoucher si besoin était.

Maintenant laissons parler Vasari.

« Le Francia désirait vivement connaître les divines peintures de Raphaël, dont il avait tant et si souvent entendu parler; mais, déjà vieux et fatigué, Francia ne pouvait quitter sa chère Bologne; or il arriva sur ces entrefaites que Raphaël fit à Rome, pour Laurent Pucci, cardinal de *Santi Quattro*, un tableau de Sainte Cécile, qui était destiné à orner, à Saint-Jean-du-Mont, la chapelle où se trouve la sépulture de la bienheureuse Hélène *dall'*-

Olio; ce tableau terminé, Raphaël l'enferma dans une caisse et l'envoya à Francia, qui, comme son ami, devait se charger de le placer sur l'autel, avec l'ornement qu'il avait arrangé; Francia fut enchanté de cette occasion qui lui permettait enfin de juger, chose qu'il désirait depuis long-temps, un ouvrage capital de Raphaël, et ayant ouvert la lettre par laquelle son jeune ami le priait de retoucher les avaries que pourrait avoir subies le tableau, et même d'y faire les corrections qu'il jugerait nécessaires, il fit, dans le meilleur jour qu'il put trouver, tirer le tableau de la caisse; mais à la vue de cette merveille il fut saisi d'une si grande stupeur que, reconnaissant l'erreur et la présomption qui jusque-là lui avaient fait croire qu'il était un maître, il se sentit frappé d'une telle douleur qu'il en mourut en peu de temps. »

Ainsi, au dire de Vasari, Francia serait mort d'envie.

Ainsi voici les deux peintres idéalistes par excellence, le Pérugin et Francia, qui, grâce à Vasari, meurent l'un avec la réputation d'un athée, et l'autre avec celle d'un envieux; nous avons déjà relevé l'erreur de Vasari à l'égard du Pérugin, rébabilitons à son tour la mémoire de Francia.

Ce ne sera pas long, et quelques lignes suffiront; Francia ne mourut pas en 1518, comme le dit Vasari, mais le 7 avril 1533, comme le constate Lanzi; ainsi non-seulement il survécut dix-neuf ans à la Sainte Cécile, mais encore treize ans à Raphaël lui-même; l'envie était de bonne composition dans le cœur de Francia, puisqu'elle mettait dix-neuf ans à tuer un homme, qui d'ailleurs mourait à quatre-vingt-trois ans, âge auquel on peut mourir sans supposer qu'on a été tué par un sentiment quelconque.

Assez sur ce conte ridicule, et revenons à Raphaël.

Au milieu de tous ses grands travaux Sanzio, qui comprenait qu'une des premières conditions du génie est la production, Sanzio, disons-nous, exécutait ces mille dessins que reproduisait le burin de Marc-Antoine, et qui sont, si on peut le dire, les mémoires de sa pensée ; essayer de les énumérer serait chose inutile, tous les musées de l'Europe en comptent un nombre plus ou moins grand, et beaucoup de cabinets particuliers possèdent des originaux incontestables ; sans doute chacune de ces compositions était le germe de quelque tableau à venir, et quelques-uns, ceux surtout qui étaient destinés à être reproduits par le burin de Marc-Antoine, offrent une telle perfection et un tel fini qu'ils sont eux-mêmes de petits tableaux.

La seconde salle était terminée, Raphaël attaqua la troisième, qu'on appelait la torre Borgia ; mais dans celle-ci, il faut le dire, il fit peu de chose de sa propre main, ayant hâte, sans doute, d'arriver à la quatrième ; les fresques qu'on y trouve et qui indiquent cependant que la main du maître a passé par là, sont la Victoire de saint Léon sur les Sarrasins, la Justification du pape Léon III, et le Couronnement de Charlemagne.

La quatrième renferme ce fameux Incendie du Bourg, objet des éternelles controverses des admirateurs de Raphaël, et des fanatiques de Michel-Ange.

Nous laisserons de côté les discussions toujours fort ennuyeuses sur un pareil sujet, et nous nous contenterons de rapporter sur ce tableau l'opinion de l'Albane, juge qui en valait bien un autre.

L'incendio di Borgo, spettacolo spaventoso e tutto pieno di concetto, espresso con tanta chiarezza che muove a compassione; dirò soltanto d'uno ammirabile e compassionevole, in vedere quella donna che per suo scampo appena ha potuto salvare quelle due creature e quei panni, in atto di dolore di aver lasciato le altre sostanze in preda alle fiamme, quella cuffia di uno dei suoi putti significa che erano in letto agiati sulle piume, e che l'aer freddo lo fa andar ristretto. Ma gli incendi non possono mai esser grandi se non vi soffia il vento. Similmente quella bellissima giovane, ch'ajuta alzando il vaso dell'acqua, anco ad essa il vento soffia nel sottile zendado, e fa comparire la bellezza di sua persona.

Cette quatrième et dernière salle fut terminée en 1517.

Raphaël était arrivé au plus haut degré de gloire auquel pût parvenir un artiste; chaque jour il recevait des lettres de quelque prince d'Italie ou de quelque roi d'Europe qui lui demandait en suppliant quelques traits de son crayon, quelques touches de son pinceau : il avait cent artistes qui voyageaient à ses frais en Italie ou en Grèce pour lui rapporter des fragments d'antiquités; quand il sortait, c'était, comme nous l'avons dit, entouré d'une armée d'élèves et d'admirateurs, et quand on le voyait passer les femmes disaient : Qu'il est beau ! les hommes disaient : Qu'il est grand !

Le cardinal de Sainte-Bibiane, heureux et fier de s'allier à lui, lui offrit la main de sa nièce, Marie Bibiane, une des plus belles filles de Rome.

Le pape Léon X, ne sachant comment le récompenser, lui offrit le premier chapeau de cardinal qui viendrait à vaquer.

Raphaël, ayant à choisir entre le mariage et le cardinalat, demanda trois ans pour se décider.

Pendant ce temps Marie Bibiane, qui l'aimait, mourut de douleur.

Raphaël ne voulait pas se marier, Raphaël ne voulait pas être cardinal, il voulait vivre avec la *Fornarina*.

Il aimait cette femme avec passion.

Aussi ne pouvait-il suffire à ses travaux et à ses amours; la Farnésine, commencée en 1511, avait été abandonnée et reprise à plusieurs fois; sur les instances d'Augustin Chigi, Raphaël se remit à la besogne, mais cette besogne était interrompue par de fréquentes absences; Augustin Chigi fit suivre Raphaël et il apprit que le beau peintre se rendait souvent jusqu'à trois ou quatre fois par jour chez la Fornarine; le lendemain la Fornarine était installée au palais Chigi en reine et maîtresse, et faisait les honneurs de la Farnésine à son amant.

C'est une ravissante chose au reste que cette Farnésine, je ne sais rien de plus gracieux que ce poème en peinture, représentant les aventures de l'Amour et de Psyché;

en tenter la description serait chose inutile ; d'ailleurs ceux qui n'ont pas vu l'original peuvent consulter, pour les dessins, les gravures de Marc-Antoine ; pour les peintures, les gravures de Dorigny.

Maintenant que dirons-nous de plus de Raphaël, quelle formule élogieuse emploierons-nous pour parler de l'auteur des trente ou quarante Sainte-Famille éparpillées par le monde, et parmi lesquelles vingt ou vingt-cinq sont des chefs-d'œuvre? Que dirons-nous de l'auteur des Salles, des Sibylles, des Prophètes, de la Farnésine, du Saint Michel, des portraits de Jules II et de Léon X, et de vingt autres portraits dans lesquels il dépasse le Titien lui-même?

Nous parlerons du *Spasimo* et de la Transfiguration.

Le *Spasimo*, ou le Portement de croix, fut exécuté pour le monastère de Palerme Sainte-Marie *dello Spasimo*, et exécuté de la main de Raphaël.

Aussi ce tableau est-il, selon plusieurs excellents juges, le chef-d'œuvre de cet homme qui a fait tant de chefs-d'œuvre.

Ce fut une singulière histoire que celle de ce tableau, et il me semble parfois que les grandes choses doivent avoir leurs infortunes comme les grands hommes.

Le bâtiment qui portait le tableau en Sicile fut assailli par la tempête et poussé contre un écueil; brisé du choc, le bâtiment s'ouvrit, et tout s'abîma, hommes et marchandises; une seule caisse surnagea, et fut portée par le vent et par les flots sur la côte de Gênes: là des pêcheurs l'aperçurent, la recueillirent et la tirèrent sur le rivage; la caisse ouverte, on trouva le miraculeux tableau sans une tache, sans une avarie, et aussi sain et sauf, dit Vasari, que si les vents et les flots avaient compris que ce serait un crime trop grand que de souiller un pareil chef-d'œuvre.

Le bruit de cet évènement se répandit jusqu'à Palerme; et les religieuses réclamèrent leur tableau, qu'elles croyaient perdu. Mais on ne rend pas facilement un tableau comme le *Spasimo* : aussi la réclamation souffrit-elle de grandes difficultés, et ne fallut-il rien moins que l'influence de Léon X pour forcer la république génoise à lâcher le chef-d'œuvre qu'elle tenait ; ce qu'elle fit cependant, mais, à ce qu'on assure, contre un riche dédommagement. Pourtant les pauvres religieuses ne devaient pas posséder long-temps leur trésor ; Philippe IV, l'ayant vu dans un voyage qu'il fit en Sicile, l'enleva secrètement et l'envoya en Espagne : le monastère du *Spasimo* jeta les grands cris, mais Philippe IV calma ses plaintes par une rente de 1,000 piastres. Transporté en 1810 à Paris, il fut remis sur toile en 1816 et, réclamé par l'Espagne, il se trouve aujourd'hui dans la Galerie Royale de Madrid.

Parmi tous les jugements portés sur cet admirable ouvrage nous citerons celui de Mengs.

« Comment pourrais-je parler assez dignement de l'admirable tableau connu sous le nom *dello Spasimo di Sicilia !* Vous n'ignorez pas que Raphaël l'a peint à Rome, pour être placé ensuite dans l'église de Notre-Dame *dello Spasimo* : cet ouvrage, comme le dit Vasari, se trouva englouti dans la mer, mais il fut retrouvé sans avoir souffert aucun dommage. De tout temps le prix de ce tableau fut apprécié par les vrais connaisseurs, et Augustin de Venise en a donné la gravure sans rendre néanmoins la beauté de l'original.

« Il me semble incontestable que la partie la plus noble de la peinture n'est pas celle qui flatte seulement la vue, car c'est par ce mérite que les productions de l'art plaisent aux hommes les plus ignorants, mais que les parties les plus estimables sont celles qui satisfont l'esprit, et qui obtiennent le suffrage des personnes qui exercent leurs facultés intellectuelles ; si cela est, comme j'en suis persuadé, Raphaël doit être tenu pour le plus grand de tous les peintres dont les ouvrages sont venus jusqu'à nous : l'invention et la disposition de ses tableaux nous font apercevoir au premier coup d'œil ce qu'il a voulu présenter à l'esprit de ceux qui devaient les voir ;

voilà pourquoi ses sujets, tranquilles ou tumultueux, terribles ou agréables, gais ou mélancoliques, n'ont rien d'incohérent avec l'idée de leur sujet; c'est en quoi consiste la véritable magie de l'art par laquelle il émeut notre âme, et prend un si grand empire sur elle, ainsi que la poésie et l'éloquence.

« D'ailleurs on voit distinctement dans toutes ses figures un demi-chemin d'action, c'est-à-dire qu'on aperçoit ce qu'elles faisaient avant le mouvement dans lequel elles se trouvent, et qu'on prévoit exactement, pour ainsi dire, ce qu'elles doivent faire ensuite, de sorte qu'elles ne représentent jamais de mouvement tout à fait achevé, ce qui leur donne un tel degré de vie, qu'elles semblent se mouvoir quand on les regarde avec attention; en effet, lorsqu'on examine dans le tableau *dello Spasimo di Sicilia* toutes les parties dont nous venons de parler, on se convainc facilement que si Raphaël n'avait pas toujours été si grand dans ses productions, on pourrait dire que celle-ci est unique par sa beauté admirable.

» Vous n'ignorez pas que le sujet de ce tableau est pris de l'Écriture sainte au moment où Jésus-Christ porte la croix au Calvaire, et que, les saintes femmes fondant en larmes, il leur dit d'un ton prophétique de ne point pleurer sur lui, mais sur leurs propres fils, en leur prédisant la ruine prochaine de Jérusalem : Raphaël, pour faire mieux comprendre cette idée, fait apercevoir dans le lointain le Calvaire, vers lequel on monte par un chemin sinueux qui prend à la droite de la porte de la ville, il a représenté le Sauveur au moment où pour la première fois il tombe à ce détour vers lequel un officier de justice le tire avec la corde dont il le tient lié.

» Il est à croire que, comme ce tableau a été fait pour l'église de Notre-Dame des Douleurs, les chefs de cette église ont voulu que le peintre y introduisît la Vierge ; il se peut néanmoins que cette idée soit de l'artiste même ; quoi qu'il en soit, Raphaël a trouvé l'art de rendre tous les sujets qu'il a traités de la manière la plus noble, la plus convenable et la plus expressive.

« Comme Raphaël avait à placer dans ce tableau la mère d'une personne conduite au supplice, et injustement maltraitée, il lui a donné le caractère d'une mère malheureuse et respectable qui, pour obtenir quelque soulagement pour son fils, se voit réduite à la cruelle nécessité d'implorer une infâme populace à prendre pitié de lui ; dans cette situation il a peint la Vierge à genoux, ne tournant pas les yeux vers son fils, à qui elle ne peut donner aucun secours, mais dans l'attitude d'une vraie suppliante faisant entendre que le Christ, qui est tombé par terre, a besoin de la compassion de celui qui le traite si inhumainement ; à cette humble expression de la Vierge Raphaël a donné un air de noblesse et de majesté, en représentant autour d'elle la Madeleine, saint Jean, et les autres Maries qui accompagnent la mère de Dieu, et qui lui prêtent du secours en la soutenant sous les bras.

« Ces personnages paraissent tous plongés dans de tristes réflexions sur les souffrances du Christ, et principalement la Madeleine qui semble parler au Sauveur; saint Jean donne du secours à la Vierge; Jésus-Christ est tombé à terre, mais sans faire paraître aucune faiblesse, ni le moindre abattement, ayant plutôt l'air d'un juge, tel que le représente l'Écriture; et son visage, outre qu'il est dans ce tableau d'une beauté et d'une excellence, pour ainsi dire, inexprimable, semble animé d'un esprit prophétique qui répond parfaitement au sujet ; non-seulement par rapport à la personne représentée, qui est toujours Dieu, quoique souffrant, mais par rapport à Raphaël, qui n'a jamais donné de caractère bas à tout ce qui est susceptible de noblesse. L'attitude de toute la figure est très-belle, noble et animée; le bras gauche, qui avec une très-belle main porte sur une pierre, est tout à fait étendu : cependant les plis de la large manche font apercevoir un demi chemin d'action, car ils semblent se tenir encore en l'air et n'avoir pas fini leur chute, suivant la tendance que doit leur donner le poids spécifique de l'étoffe; de la main droite le Seigneur tâche d'empoigner la croix sous laquelle il succombe, et semble vouloir empêcher qu'on ne la lui ôte, en cherchant à la soulever lui-même; idée sublime, digne du grand génie de Raphaël qui, par ce mouvement simple et qui peut-être paraîtra indifférent à bien des yeux, nous rappelle l'idée que le Sauveur du monde souffrait parce qu'il voulait bien souffrir!

» La variété de caractères qu'il a su donner aux officiers de justice n'est pas moins digne d'admiration, en faisant remarquer que parmi les hommes méchants il y en a de plus pervers les uns que les autres: la figure qu'on voit par le dos et qui tire le Christ avec la corde, ne paraît remplie que de la brutale impatience d'arriver avec la victime au lieu du supplice; l'autre personnage, qui, en quelque sorte, semble soutenir la croix, paraît ému d'une espèce de compassion, qui le porte à soulager le Sauveur; près de lui est un soldat qui, en poussant la croix sur l'épaule du Christ, exprime la plus grande iniquité en cherchant à accabler encore davantage le Seigneur, qui succombe déjà sous le fardeau de la croix.

« Plusieurs artistes, que le commun des amateurs et les peintres médiocres ont regardés comme doués de la partie de l'invention, ont absolument ignoré les détails heureux que possédait le grand Raphaël, car on voit qu'ils ont confondu à chaque instant l'invention avec la composition; l'invention est la vraie poétique d'un tableau déjà conçu dans l'esprit du peintre, qui se le représente comme s'il avait effectivement vu, ou comme s'il avait encore devant les yeux le sujet que son imagination, ou sa verve, se propose de rendre. »

Voilà ce que dit Mengs, peintre médiocre, mais excellent critique, de ce chef-d'œuvre qu'on appelle *lo Spasimo*.

Ce fut vers ce temps que Raphaël, ainsi que nous l'avons dit, nommé successeur de Bramante comme architecte de la cour pontificale, fit le plan de Saint-Pierre. Citons encore une lettre de Raphaël qui prouve à quel point ce grand génie doutait de lui-même dans l'accomplissement de la nouvelle œuvre qu'il allait entreprendre. Cette lettre est adressée à Balthazar Castiglione. Nous la traduisons littéralement :

« Seigneur comte,

» J'ai fait, selon votre désir, les dessins que vous m'avez demandés, et ils ont satisfait tous ceux à qui je les ai montrés, si tous ceux à qui je les ai montrés ne sont point des flatteurs; mais ils ne me suffisent pas à moi-même, car je crains qu'ils ne vous suffisent pas. Que votre seigneurie en choisisse donc quelqu'un, s'il y en a quelqu'un qui soit digne de son choix. Notre Saint-Père, en m'honorant, m'a chargé les épaules d'un lourd fardeau, je veux parler de la construction de Saint-Pierre; j'espère bien cependant ne point succomber sous lui, d'autant plus que le modèle que j'en ai fait plaît à Sa Sainteté et fut loué par beaucoup de grands esprits; mais je m'élance d'un vol plus élevé, je voudrais trouver les belles formes des édifices antiques. Je ne sais si mon vol sera celui d'Icare. Vitruve me donne de grandes lumières, mais cependant point autant que je sens qu'il m'en faudrait.

» Je me trouverais un grand maître, si je pensais de la Galatée la moitié du bien que vous m'en dites ; mais dans les paroles de votre seigneurie, je reconnais l'amour qu'elle me porte. Pour peindre une belle femme, il faut en voir de plus belles qu'elle encore ; mais malheureusement il y a pénurie de belles femmes et de bons juges, et je suis forcé de me servir de certaines fantaisies qui me viennent à l'esprit ; cette fantaisie a-t-elle en soi une certaine valeur, je n'en sais rien, mais je m'étudie et me plais à l'avoir.

» Votre bien obéissant,

» RAPHAEL SANZIO. »

Malheureusement ce modèle dont parle Sanzio est perdu. Il n'est resté qu'un seul dessin du plan de l'édifice.

Voici ce que pense de ce plan le savant

historien de Raphaël, M. Quatremère de Quincy :

« Ce plan est sans contredit le plus beau qu'on ait imaginé et produit, selon le système des églises modernes. On sait que Bramante, dans sa conception première, s'était inspiré pour les nefs de la disposition des grands arcs de l'édifice antique appelé vulgairement le Temple de la Paix, et de la construction comme de la forme du Panthéon. Pour la réunion des quatre nefs, obligé de remplacer la vieille basilique de Saint-Pierre, dont les nefs à colonnes étaient surmontées d'un plafond en bois, par une immense construction en voûte, il lui fallut substituer des pieds-droits aux colonnes et de vastes arcades au système des plates-bandes.

» Ce genre admis, Raphaël n'avait plus à délibérer sur le choix; et il faut convenir qu'on n'a jamais tracé un plan plus simple, plus grandiose, mieux dégagé, et d'une plus parfaite harmonie. La disposition de ce qu'on appelle une croix latine est elle-même une tradition des anciennes basiliques. Qui voudra examiner chaque détail de ce plan verra qu'il n'y a aucune forme des parties circulaires, soit de l'apside, soit des deux croisillons, qui ne soit une imitation de l'intérieur du Panthéon ou de quelque autre monument antique.

» Ce n'est pas ici le lieu d'examiner quelles furent les raisons qui, dans la suite, firent renforcer et, par conséquent, augmenter de volume les supports de la coupole; ce qui obligea d'en faire autant à la masse des pieds-droits de la nef. Si l'on considère en elle-même la disposition de l'ensemble arrêté par Raphaël, et, en admettant que les masses de son plan aient été alors dans un juste rapport avec l'élévation qui devait leur correspondre, mais qui nous est inconnue, on est forcé d'accorder que cette disposition, très-supérieure à celle d'aujourd'hui, fera toujours regretter l'abandon du premier projet. »

Mais deux palais restent debout élevés par Raphaël, et ces deux palais, Florence, la ville des merveilles, sous ce rapport, les met au nombre de ses plus beaux. L'un est le palais degli Uguccioni, situé sur la place du Grand-Duc; l'autre est le palais Pandolfini, situé dans la rue San Gallo. Quant à celui que Raphaël habitait lui-même *in Borgo Nuovo*, on ne sait point s'il avait été bâti sur ses dessins ou sur ceux de Bramante. Il en est de même de la *Villa Madama*, qu'on ne sait avec certitude à qui attribuer, de Jules Romain ou de Raphaël. Nous ne parlons pas de la chapelle d'Augustin Chigi, qui est contestée, ni de la statue de Jonas, qui n'est point authentique; cependant les traditions veulent que ces deux œuvres d'art soient de Raphaël. Nous avons dit comment Raphaël avait été nommé architecte de la cour de Rome : voici maintenant un bref, en date du mois d'août 1516, qui lui confère la surintendance générale de tous les restes d'antiquités dignes d'êtres conservés. Nous traduisons textuellement :

« Comme il est d'une haute importance, pour la prompte élévation du temple du prince des Apôtres, d'avoir abondamment des marbres et des pierres, attendu qu'il en faut une grande quantité, et que, plutôt que de les faire venir de dehors, sachant que les ruines de Rome en fournissent en abondance, que de tout côté on déterre des marbres de toute sorte, et que chacun à Rome ou dans les environs se met à fouiller la terre, vous, directeur de ce monument, je vous constitue président de tous les marbres et de toutes les pierres qui se découvriront désormais à Rome ou dans les environs, dans un circuit de six milles, afin que vous les achetiez, quand ils pourront convenir à la fabrique de votre bâtiment; c'est pourquoi je recommande à toute personne de quelque état et rang qu'elle soit, noble ou non, qu'elle vous donne d'abord, à vous, notre surintendant en cette partie, connaissance de tout marbre, de quelque genre qu'il soit, qui sera découvert dans l'étendue du cercle par moi désigné. Voulant que quiconque y manquera soit puni par vous d'une amende de cent à trois cents écus d'or.

« Comme en outre il m'est revenu que les

marbriers taillent inconsidérément, pour s'en servir, les marbres antiques, sur lesquels sont gravés des inscriptions qui souvent rappellent quelque beau fait ou quelque grande action, inscriptions qui mériteraient d'être conservées pour le progrès de la littérature et l'élégance de la langue latine, et qu'en taillant ainsi ils anéantissent ces inscriptions, je commande à tous ceux qui exercent la profession de marbrier, à Rome, qu'ils aient à ne tailler aucune pierre sans votre ordre ou votre permission, et, faute par eux de se conformer à cette recommandation, ils seront soumis à l'amende que j'ai déjà indiquée ci-dessus.

« Rome, 27 d'août, 3e année de notre pontificat. »

Ce fut alors surtout que la réputation de Raphaël devint populaire, car on le vit parcourir les rues de Rome, mesurant ses anciennes limites, étudiant ses antiques ruines, rétablissant l'ensemble par les détails, et, archéologue improvisé, rebâtissant la ville des empereurs.

Tout le monde connaît le magnifique rapport que fit Raphaël sur la mission dont il était chargé : long-temps on l'a attribué à Balthazar Castiglione; mais une phrase l'a restitué à son véritable auteur.

« Hélas ! dit-il, combien de beaux et précieux monuments ai-je vu détruire depuis onze ans que je suis à Rome ! »

En effet, Raphaël était à Rome depuis 1508, et, selon toute probabilité, le rapport que nous citons fut présenté au pape en 1519.

En même temps qu'il visitait Rome ainsi, Raphaël faisait les cartons pour les tapisseries du Vatican; et comme s'il eût eu du loisir à mettre dans des essais, il peignait à l'huile, à titre d'expérience, les deux figures de la Justice et de la Douceur.

Puis, que faisait-il donc encore? Le tableau de la Transfiguration !

A ce mot seul on voit qu'approche la fin de cette belle existence, et l'on se sent pris d'une douce tristesse pour le jeune homme qui va mourir à l'âge où mourut Virgile, dont il comprenait si bien la poésie, et qui eût si bien compris ses tableaux.

Tout le monde connaît la Transfiguration : bonnes ou mauvaises, les gravures qui la représentent se rencontrent à chaque pas. Nous ne nous appesantirons donc point sur sa valeur, c'est la composition qui dispute au Spasimo la palme des trois mille tableaux de Raphaël.

Or, comme si Dieu eût marqué pour terme au génie de l'homme le moment où ce génie va toucher à sa perfection, comme la Transfiguration était la plus belle chose qu'eût faite Raphaël, il mourut en achevant la Transfiguration.

Puis encore, comme s'il eût fallu à ce beau jeune homme, tout resplendissant de gloire, de bonheur et d'amour, une mort en harmonie avec sa royale et bienheureuse existence, il rentra un soir fatigué de plaisir, haletant de volupté, pencha sa belle tête sur son épaule, comme fait un cygne qui s'endort, et mourut épuisé de plaisir et de sang.

Voilà du moins le récit qui a prévalu. Pourquoi? C'est que cette fin couronnait admirablement sa vie.

Vainement a-t-on voulu combattre cette tradition, tout attaquable qu'elle est peut-être; aujourd'hui cette tradition est passée à l'état de vérité historique.

Un vieil écrit, retrouvé par un de ces infatigables fouilleurs que possède seule l'Italie, a cependant tenté avec quelque droit, il faut le dire, de porter atteinte à cette version. Voici le texte de cet autre renseignement mortuaire qui fut donné à M. François Cancellieri par le cardinal Antonielli :

« Raffaello Sanzio era d'indole nobilissima e delicata; la vita sua si appigliava ad uno stame tenuissimo, in quanto al corpo, perché era tutto spirito, oltre che le forze fisiche gli si erano di molto menomate, e che fanno maraviglia essersi potuto sostenere in si breve età. Ora trovandosi assai debile e standosi un di nella Farnesina, ebbe ordine che di presente si recasse à corte. Perchè datosi à correre, per non ritardare, giunse in un fiato al Vaticano, tutto trefelato e sudante : et ivi standosi in vaste sale, e raggionando a longo sulla fabrica di San Pietro, gli si raffredo il sudore sulla persona, e fu compreso testo da un male improviso. Ha onde ito à casa fu soppragiunto da una specie di perniciosa che lo trasse sventuratamente alla tomba. »

Mais, en ceci comme en toute chose, on ne crut point ce qui était; on crut ce qui devait être.

Raphaël sentit venir la mort, tout juste à temps pour la regarder venir en souriant : chrétien, au moment d'aller rendre compte à Dieu de cette splendide existence que Dieu lui avait donnée il éloigna de lui à ses derniers moments celle qui les avait hâtés ; mais, honnête homme en même temps, il lui laissa un souvenir qui fut pour elle une fortune; plus, cette grande immortalité qui s'attache aux maîtresses des hommes supérieurs, et qui a fait de Béatrix, de Laure et de la Fiametta des femmes élues parmi les femmes.

Sa fortune était immense. Déjà en 1514, c'est-à-dire six ans auparavant, il écrivait à son oncle, qu'outre le bien personnel qu'il avait à Rome et qui montait à trois mille ducats d'or, il avait, en qualité d'architecte de la cour de Rome, cinquante écus d'or par an ; de plus, une pension de trois cents ducats d'or que lui faisait Sa Sainteté, et cela sans compter les prix presque insensés auxquels, de son vivant, avaient monté ses tableaux, que les rois et les princes seuls pouvaient acheter. Mais avec tout cela, toujours bon et humble, il était resté le pauvre Sanzio, fils d'un pauvre peintre d'Urbin; et il écrivait à cet oncle, qu'il regardait comme son second père : « Si bien, comme vous le voyez, que je suis riche, que je vous fais honneur, à vous, à tous nos parents et à notre patrie; mais qu'au milieu de cette richesse inattendue je vous porte toujours dans le milieu de mon cœur, et que lorsque je vous entends nommer, il me semble entendre nommer mon père. »

Raphaël partagea cette fortune entre deux de ses élèves qui avaient déjà partagé une partie de sa gloire ; ces deux hommes étaient François Renni, qui avait toute sa confiance, et Jules Romain, qui avait toute son amitié. Son exécuteur testamentaire fut monsignor Balthasar di Vescia, secrétaire de la daterie du pape. Le premier soin de cet exécuteur testamentaire devait être « de prendre sur ses biens de quoi restaurer dans l'église de Sainte-Marie-de-la-Rotonde une des chapelles à niche ou tabernacle qui en ornent la circonférence, et d'assigner à la fondation de cet autel une rente annuelle dont fut grevée une de ses maisons, qu'on voit encore à Rome, rue *degli Coronari*, et sur laquelle on lit une inscription qui fait mention de ce legs (1). »

Puis, ce testament fait, Raphaël mourut à l'âge de 37 ans, le 7 avril 1520, léguant son âme à Dieu et son nom à la postérité.

(1) Quatremère de Quincy.

Il est impossible de se faire une idée de l'effet que produisit à Rome cette mort prématurée. Il semblait que ce doux génie était l'ange chargé par le Seigneur de poursuivre la résurrection de la vie éternelle. En le perdant, chacun crut perdre un ami, et lorsqu'il ferma les yeux, dit un contemporain, la peinture se crut aveugle. — *E' quando gli occhi chiuse, ella quasi cieca rimase.*

Raphaël fut exposé, comme c'était l'habitude du temps, au-dessous de l'échafaud qui soutenait le tableau de la Transfiguration inachevé en quelques parties, et Rome tout entière vint saluer mort le demi-dieu qu'elle avait tant de fois adoré vivant.

Lorsqu'on annonça cette mort à Léon X, il resta long-temps abattu et comme frappé de torpeur; puis il secoua la tête, comme pour dire qu'il perdait le plus beau diamant de sa tiare, et d'abondantes larmes coulèrent sur ses joues.

Le corps fut, selon le désir de Raphaël, porté au Panthéon et déposé dans la chapelle à laquelle il avait laissé une dot; puis le pape fit placer sur son tombeau cette double épitaphe :

D. O. M.

Raphaeli Sanctio Joan. F. urbinati
Pictori eminentiss. veterumque æmulo
Cujus spirantes prope imagines si
Contemplere naturæ atque artis fœdus facile inspexeris
Julii II et Leonis X pont. max. picturæ
Et architect. operibus gloriam auxit.
Vixit A. XXXVII integer integros
Quo die natus est Deo esse desiit
vii id. april. MDXX.
Ille hic est Raphael, timuit quo sospite vinci
Rerum magna parens et moriente mori.

Vis-à-vis ce tombeau était celui de Marie Bibiena, cette belle jeune fille qui lui avait été fiancée, qui mourut de douleur de ne point être sa femme.

Par une tradition étrange qui s'était conservée sans fondement, mais qui enfin s'était conservée, les académiciens de Saint-Luc, sans pouvoir dire comment, il est vrai, possédaient, disaient-ils, le crâne de Raphaël.

Lorsque le fameux docteur Gall alla à Rome, on lui montrait ce crâne, en lui demandant ce qu'il en pensait, mais sans lui dire à qui il avait appartenu. Gall l'examina, et, le rejetant dédaigneusement, répondit que c'était la tête d'un crétin.

Grande rumeur, comme on le comprend, parmi les académiciens de Saint-Luc. Grande stupéfaction parmi les admirateurs de Gall, lorsqu'ils virent dans quelle erreur le chef de l'école venait de tomber.

Gall soutint toujours que cette tête ne pouvait être celle de Raphaël.

De son côté, la congrégation des Virtuosi du Panthéon réclamait cette tête comme étant celle de son fondateur.

Le débat prenait une gravité qui amena la nécessité de s'assurer si cette tête était bien celle de Raphaël. Les parties intéressées obtinrent donc de Sa Sainteté la permission de faire ouvrir son tombeau.

Nous empruntons au bel ouvrage de M. Quatremère de Quincy, auquel nous avons déjà emprunté tant de choses, la lettre que lui écrivit à ce sujet M. Nibby, l'un des savants les plus distingués de Rome.

Voici cette lettre :

« Monsieur,

» Il est bien juste que je vous adresse, à vous qui êtes le digne admirateur et l'éloquent historien du divin Raphaël, tous les détails relatifs à la découverte de ses dépouilles mortelles. Vous savez que, depuis un siècle à peu près, l'académie de Saint-Luc exposait à la curiosité des étrangers un crâne que l'on disait être celui du peintre d'Urbin. Il y a quarante ans, pour répondre à des bruits qui semblaient révoquer en doute la vérité de cette assertion, on chercha à expliquer la circonstance qui avait mis l'Académie en possession de cette relique précieuse : on déclara qu'en 1674, lorsque Charles Maratto fit faire par Paul Naldini le buste de Raphaël, pour le placer au Panthéon près du tombeau qu'on lui avait érigé sous l'autel de la Madone del Sasso, le même Charles Maratto avait ouvert le tombeau et en avait extrait le crâne du peintre d'Urbin. Mais les critiques de bonne foi n'étaient point satisfaits de cette explication, et ils avertissaient constamment les étrangers de ne pas croire à cette fable; d'ailleurs, il y a deux ans, on trouva un document authentique prouvant que ce crâne était celui de don Desiderio di Adintorio, fondateur de la société des Virtuosi du Panthéon, en 1542. Dès ce moment, il s'éleva un différend entre les membres actuels de ladite société, qui voulait recouvrer la tête de son fondateur, et l'académie de Saint-Luc, qui ne voulait pas renoncer à l'illusion en croyant posséder le crâne du peintre d'Urbin.

» Après plusieurs mois de dispute, la congrégation des Virtuosi, qui voulait toujours recouvrer la tête de son fondateur, invita à assister à la recherche du corps de Raphaël la commision consultative des antiquités et beaux-arts, l'Académie de Saint-Luc, l'Académie d'archéologie, et l'on procéda à cette mesure, qui pouvait mettre d'accord les deux parties.

» Comme j'appartiens à l'une des trois congrégations, j'ai assisté avec beaucoup de constance à tous les travaux, et je vous en parle en témoin oculaire.

» La méthode qu'on a suivie a été si singulière, qu'on peut presque la taxer de minutie : après diverses tentatives qui n'eurent point de résultat, on creusa enfin sous l'autel même de la Vierge, en prenant pour guide ce que Vasari dit positivement dans la vie de Raphaël et dans celle de Lorenzetto, et ce qui a été rapporté dans le catalogue des peintures et sculptures qui précède l'édition de cet auteur en 1563. On trouva bientôt une maçonnerie de la longueur du corps d'un homme : les ouvriers taillèrent la pierre avec la plus grande attention, et, après avoir creusé à la profondeur d'un pied et demi, ils trouvèrent un vide.

» Imaginez-vous les nouveaux soins que l'on prit pour procéder encore avec efficacité, mais avec tout le respect que demandait cette opération : elle avait lieu solennellement, en présence de Son Éminence le cardinal Surla, vicaire de Sa Sainteté; de monsignor Grimaldi, gouverneur de Rome; de monsignor Patrizi, majordome; de monsignor Fieschi, maitre de la chambre, et de toutes les Académies ci-dessus citées. Vous ne pouvez vous figurer l'enthousiasme qui s'empara de nous, lorsque par un dernier effort on découvrit les restes d'une caisse mortuaire et le squelette tout entier étendu tel qu'il avait été placé, légèrement couvert de terre ou de poussière humide, provenant des débris de la portion supérieure de la caisse qui était décomposée, et des vêtements et des parties molles; on reconnut clairement que le tombeau n'avait jamais été ouvert (il était difficile de croire que les autorités eussent permis cette indigne mutilation du corps de celui qui fait tant d'honneur à Rome et au siècle de Léon X), et il fut alors évidemment prouvé que le crâne de l'Académie de Saint-Luc n'était pas celui de Raphaël.

» Le premier soin que l'on prit fut de dégager peu à peu le corps de toute cette poussière, que d'ailleurs on recueillit religieusement, parce qu'on avait l'intention de la replacer dans le nouveau sarcophage. On trouva dans ces débris des morceaux assez bien conservés de la caisse, qui était de bois de pin, et des fragments de peinture qui avaient orné le couvercle, plus des morceaux d'argile du Tibre, indices qui prouvent que l'eau du fleuve y avait pénétré au moins par infiltration ; plus une stelletta de fer, sorte d'éperon dont Raphaël avait été décoré par Léon X, quelques fibules, beaucoup d'anelli de métal, partie des boutons du vêtement.

» On reconnut que la caisse avait été entièrement murée, et que c'est à cette précaution que l'on doit la conservation des vêtements.

» Le 15 décembre, on procéda à la reconnaissance du corps qui fut déclaré appartenir à un individu du sexe masculin de petites proportions. L'acte formel fut terminé le 17. Le baron Trasmondi, professeur de chirurgie clinique, mesura le corps tel qu'il était étendu, et, après avoir fait les observations convenables sur les ossements, sur le caractère fort et prononcé qu'ils présentaient, il prouva le sexe du sujet. Le marquis Biondi, président de la Société d'archéologie, s'appuyant particulièrement sur les passages de Vasari dans la vie de Raphaël, et de Lorenzetto sur la note qui précède les œuvres de cet écrivain imprimées en 1563, et sur la lettre de Michaël di Servettor, déclara en peu de paroles que ce que l'on voyait devant soi était le véritable corps de Raphaël. Il adjura les assistants de dire s'il y avait quelque opposition. Plus de soixante-dix personnes présentes, l'élite de la haute société du pays et de Rome littéraire, approuvèrent l'opinion de M. Biondi; beaucoup ne répondirent que par des larmes et par les signes les plus passionnés d'attendrissement.

» On signa alors avec empressement l'acte de reconnaissance ; Pyrrhon lui-même, s'il eût été présent, n'aurait pas de bonne foi montré un seul doute.

» Quant à la manière dont on devait procéder pour mettre les ossements en sûreté avec la plus grande décence, on convint unanimement de s'en rapporter aux dispositions testamentaires de Raphaël lui-même, dont vous connaissez bien les dernières volontés : on décida qu'après avoir posé les ossements dans une caisse plus solide, de plomb ou de marbre, on les replacerait au même lieu, en prenant toutes les précautions contre toute inondation éventuelle du Tibre.

» On va célébrer des funérailles dignes du temple et de la gloire de Raphaël : le baron Camuccini fera le dessin de tout ce que nous avons vu, et il sera lithographié : Girometti gravera une médaille commémorative, et moi je suis chargé d'écrire le récit qui sera publié.

» Du 20 au 24, le public a été admis à voir

le corps tel qu'il a été trouvé, et vous qui connaissez les Romains, vous ne serez pas étonné d'apprendre que la foule de toute classe a été innombrable. Le 24, on a enfermé les ossements dans une caisse provisoire, en attendant la caisse de marbre ou de plomb qui sera donnée par le pape.

« Depuis, les observations de M. Trasmondi et d'autres réflexions ont prouvé la parfaite ressemblance de ce qui reste de la charpente osseuse avec les portraits de Raphaël et avec les témoignages des contemporains. Le corps est bien proportionné : il est haut de sept palmes cinq onces et trois minutes (cinq pieds deux pouces trois lignes). La tête, parfaitement conservée, a toutes les dents, encore très-belles, au nombre de trente et une; la trente-deuxième de la mâchoire inférieure, à gauche, n'était point encore sortie de l'alvéole. On revoit les linéaments exacts du portrait dans l'École d'Athènes. Le cou était long, les bras et la poitrine délicats. Les jambes et les pieds étaient assez forts. Ce qui a surpris tout le monde avec raison, c'est qu'on a trouvé le larynx intact et encore flexible ; il était ample, et fait croire que la voix devait être étendue. Le larynx, exposé depuis à l'air, a pris une consistance d'ossification ; mais j'en ai reconnu la flexibilité, parce que je l'ai touché au moment où l'on a découvert le corps.

« Jeudi dernier, on a moulé le crâne : l'opération a réussi parfaitement. Vendredi, 18 octobre, l'urne fatale sera inhumée. Dans cette occasion, on illuminera d'une manière magnifique le Panthéon.

» Ces détails ne peuvent être que précieux pour un homme qui, comme vous, a voué un culte éternel à la mémoire de Raphaël, et qui lui a élevé un monument littéraire qui n'est pas moins admiré en Italie que dans le reste de l'Europe.

» NIBBY. »

Comme on le voit, la société des Virtuosi avait raison.

Et Gall n'avait pas tort.

Terminons par un extrait du *Diario di Roma*, en date du 26 octobre 1833 :

« La dépouille mortelle de Raphaël ayant été retrouvée à l'endroit même qu'il avait ordonné pour sa sépulture, dans la Rotonde, sous l'autel de la chapelle ornée par lui et appelée della Madonna del Sasso, le souverain pontife Grégoire XVI ordonna qu'on prît au Muséum du Vatican un sarcophage en marbre qui serait destiné à recevoir le cercueil de bois revêtu de plomb, où le squelette de Raphaël avait été nouvellement déposé.

» Le 18 octobre au soir eut lieu la cérémonie de la nouvelle inhumation des restes de Raphaël, sous la chapelle même et sous la statue della Madonna del Sasso, sculptée, en exécution de son testament, par Lorenzo Lolli. Cette chapelle était devenue son véritable mausolée.

» La cérémonie funèbre a eu lieu avec beaucoup de pompe. L'intérieur de l'église du Panthéon a reçu une illumination funèbre.

» Le sarcophage, ayant été descendu, fut replacé à l'endroit même qu'il avait occupé précédemment. Les présidents des corps diplomatiques assistant à cette cérémonie, ayant à leur tête le chevalier Fabris, apportèrent chacun une brique, et l'arcade, ou le lieu de la sépulture, fut de nouveau murée et scellée par une construction en briques. »

ANDRÉ DEL SARTO.

Je vais écrire en peu de pages l'histoire d'un homme qui était né pour être le premier peintre de son siècle, le rival de Léonard, le vainqueur du Pérugin et de Correggio, l'égal du plus grand maître, du divin Raphaël; d'un homme dont la carrière eût été heureuse, brillante, enviée, si un amour insensé ne l'eût perdu fatalement.

Abreuvé d'humiliations et de chagrin, il a traîné ses jours dans la honte et le désespoir. De douleur en douleur, de faiblesse en faiblesse, de misère en misère, il est arrivé au suicide moral, le plus affreux des suicides!

Il a vicié son talent, anéanti son caractère, souillé son nom. Il n'a pas craint, le malheureux ! de s'avouer voleur pour une femme qui n'a pas pu lui rendre, en échange de tant d'abnégations, de tant de sacrifices, même un sentiment de pitié.

Si, parmi les Vies des peintres, ces mémoires plus instructifs qu'un livre d'art, plus accidentés qu'un roman, il en existe de plus curieuses et de plus agitées, il n'en est certes pas de plus tristes et de plus touchantes.

C'est un terrible exemple, une grande leçon, un enseignement salutaire pour les artistes de tous les temps et de tous les pays.

Andrea Vannocchi, connu plus communément sous le nom d'André del Sarto, du métier de son père, naquit à Florence, le 26 novembre 1478.

Nous sommes arrêté dès le début de cette notice par une grave dissidence qui s'élève parmi les biographes.

Bottari, trompé apparemment par une inscription tumulaire consacrée à la mémoire de notre artiste dans l'église des Servi, a cru devoir corriger la date adoptée par Vasari et retrancher d'un coup de plume dix ans de la vie d'Andréa sur la foi d'un chiffre erroné.

L'historien Lanzi et plusieurs écrivains toscans ou étrangers ont suivi la correction de l'édition romaine de la *Vie des peintres*, s'en rapportant de confiance au zèle et à l'érudition bien connue de Bottari. Mais il paraît hors de doute, d'après l'acte de baptême conservé dans les archives de Santa-Maria del Fiore, que la naissance d'André del Sarto doit être fixée au mois et à l'année que nous enregistrons plus haut.

Que le lecteur ne s'effraie pas de notre exactitude : ceci est la première et la dernière discussion savante à laquelle nous nous livrons.

Ajoutons pour mémoire, et sans donner la moindre importance à des assertions qui ne sont appuyées sur aucune preuve, qu'une famille de Bruxelles (les Wahinsen, je crois), prétend compter au nombre de ses ancêtres l'heureux tailleur qui a donné la vie et le surnom à André.

D'après cette version, le père de notre artiste aurait exercé la profession de tailleur dans la bonne ville de Gand, sa patrie, et c'est à Gand même qu'Andrea Vannocchi aurait vu le jour.

Quoi qu'il en soit, le petit André fut placé par ses parents dans la boutique d'un orfévre florentin pour y apprendre le métier de joaillier que Benvenuto Cellini devait élever peu de temps après à toute la hauteur d'un art.

André avait sept ans. Il savait à peine lire et écrire ; mais en sortant de l'école il n'avait eu garde d'oublier ses plumes et son encrier, et, par suite de cette contradiction éternelle qu'on remarque toujours entre le choix du père et l'inclination du fils, il se plaisait beaucoup plus à dessiner sur les cartons des figures bien sombres et des profils bien noirs qu'à manier l'or et l'argent : matières qui auraient dû au contraire éblouir les yeux et l'imagination d'un enfant.

Peut-être aussi que le ciseau et la lime lui paraissaient des instruments trop durs pour ses mains délicates, car il montra dès l'enfance un caractère faible et soumis ; une vague tristesse, une sensibilité tendre et maladive, une douceur angélique, dont toutes ses paroles, tous ses mouvements, tous ses gestes étaient empreints, se révélaient de prime abord dans cette frêle nature, et ne présageaient que trop les malheurs qui, plus tard, devaient l'accabler.

Le maître d'André prit patience pour quelque temps, espérant utiliser son petit apprenti pour les besoins de son commerce ; mais, voyant qu'il ne pouvait rien espérer, ni de gré, ni de force, un jour que Jean Barile, peintre grossier et plébéien, comme dit Vasari, vint à entrer dans sa boutique, il lui proposa d'emmener cet enfant qui montrait une véritable vocation pour la peinture.

Jean Barile demanda à voir quelque ébauche de son futur élève, et, après avoir examiné deux ou trois dessins qu'André lui présenta en tremblant, content de son savoir faire il le prit avec lui.

Une fois livré à ses penchants naturels, l'enfant fit merveille. Il travaillait nuit et jour avec une telle assiduité, une telle persévérance, que son maître, craignant pour sa santé, fut obligé de contenir son ardeur et de lui ordonner le repos.

André montrait surtout un sentiment exquis, un goût très-prononcé pour les beautés de la nature. Il tâchait de reproduire sur la toile avec les plus vives couleurs les objets qui le frappaient. Si son dessin n'était pas très-correct, si ses conceptions n'étaient pas d'un ordre élevé, on admirait cependant dans ses esquisses une grande pureté de couleurs, une suave harmonie de tons, une connaissance presque instinctive du clair-obscur et de la perspective qui étonnaient dans un enfant de son âge. Jean Barile n'en pouvait croire ses yeux. Il se promenait dans les rues parlant tout seul et tout haut des progrès de son élève. Il prenait au collet les artistes de connaissance qu'il rencontrait, et lorsqu'il les avait entraînés dans son atelier il leur demandait, en se croisant les bras, si c'était là la besogne d'un enfant de dix ans.

Bref les choses marchèrent si vite et si bien, que Jean Barile s'avoua, non sans un peu de confusion, que son élève en savait plus que lui. Ce brave homme, tout grossier et tout plébéien que Vasari voudrait nous le faire croire, mettant de côté son amour-propre, s'en alla trouver un matin Pierre di Cosimo, qui passait alors pour un des meilleurs peintres de Florence, et lui dit brusquement :

— Vous êtes, à mon idée, le premier artiste de votre école, j'ai un élève à qui j'ai appris le peu que je savais ; à l'heure qu'il est il pourrait me donner des leçons, à moi et à bien d'autres. Le petit ira loin, s'il est bien guidé. Le garder auprès de moi serait un vol, quoique j'en aie le droit par un marché en règle ;

car je l'ai nourri quand il ne m'était bon à rien, et je pourrais maintenant prélever les deux tiers de ce qu'il gagne. Mais Dieu me préserve d'une telle infamie !

Je veux qu'il soit un grand peintre et qu'il fasse honneur à Florence. Voulez-vous vous en charger, maître?

C'était un singulier homme que ce Pierre di Cosimo. Placé réellement en première ligne parmi les peintres naturalistes du seizième siècle, sa vie était si étrange, ses idées si bizarres, ses goûts si excentriques, que ceux qui ne le connaissaient pas bien l'auraient pris plutôt pour un fou que pour un enthousiaste.

Son amour de la nature était poussé si loin qu'il ne voulait pas que la main de l'homme osât toucher à l'œuvre de Dieu. Il laissait croître ses cheveux, sa barbe, ses ongles dans toute leur longueur. Jamais la serpe d'un jardinier n'avait touché à sa vigne, à ses arbres, à ses plantes; arroser les fleurs lui eût semblé une profanation sacrilége, un crime de lèse-nature. Son jardin présentait l'aspect hérissé et sauvage d'un petit coin d'une forêt des tropiques.

Il ne prenait jamais ses repas à la même heure, sous prétexte que les animaux, les seuls êtres raisonnables de la création, mangeaient quand ils avaient faim et non pas quand la cloche sonnait l'heure du dîner. La société, avec ses lois inflexibles et ses étroites convenances, lui était en horreur. Son plus grand plaisir était de voir filer les nuages. Il contemplait tout un jour durant, dans une muette extase, ces châteaux de géants, ces cathédrales aériennes, ces Babels fantastiques qui s'élèvent au ciel en moins d'une seconde et qu'un souffle de vent disperse en moins d'un instant.

Un jour on le trouva immobile devant le mur d'un hôpital. Comme un de ses amis, après l'avoir fortement secoué par le bras, lui demandait ce qu'il pouvait regarder avec tant d'attention, Pierre tendit l'index vers la direction de quelques taches jaunâtres et nauséabondes, et répondit gravement :

— Mon ami, voilà trois siècles que les malades crachent sur ce mur; je n'ai jamais vu de dessins plus bizarres, de plus capricieux méandres, de plus poétiques dentelures. Il faut que l'art humain s'incline et s'avoue vaincu devant l'œuvre du hasard.

— Tu as raison, maître, dit l'ami en s'éloignant... Sa place n'est pas ici, elle est dans les cabanons de l'hôpital.

Outre ces manies et grand nombre encore dont je fais grâce au lecteur, Pierre di Cosimo détestait particulièrement deux choses : le son des cloches et le chant des moines.

Tel était le maître chez lequel fut placé André del Sarto. Jean Barile se donna beaucoup de mal pour mener à bout une négociation si délicate.

Il dut revenir plusieurs fois à l'assaut; car l'atelier de maître Pierre n'était pas ouvert à qui voulait. Le jour où il put enfin emporter le consentement si long-temps sollicité, Jean Barile l'annonça à son élève comme une véritable faveur. Il l'embrassa sur le front, lui donna quelques avertissements sommaires sur les habitudes et l'humeur de l'homme auquel il aurait affaire désormais, et, après l'avoir recommandé au nouveau maître avec les plus vives et affectueuses paroles, il se sépara de son cher André les yeux mouillés de larmes. Excellent Jean Barile ! il venait de s'apercevoir seulement alors qu'il aimait cet enfant comme un fils.

Nous n'essaierons pas de décrire tout ce que le pauvre André dut endurer pendant son long apprentissage sous un homme tel que Pierre di Cosimo ; lui, si modeste, si doux, si timide, forcé de se voir rudoyer jour par jour, heure par heure, par un caractère impérieux, fantasque, inégal.

L'argile à côté du fer.

Ce n'est pas que maître Pierre témoignât à son élève de l'aversion ou de la froideur, bien au contraire : touché de sa docilité et de son respect, fier de ses progrès vraiment prodigieux, émerveillé de son talent, il l'avait pris en grande affection ; mais ce fut de cette affection même que le pauvre André eut le plus à souffrir. Au bout de quelque temps elle était devenue pour le jeune peintre un fardeau si lourd, une tyrannie tellement intolérable, que, s'il avait pu trouver ailleurs un morceau de pain et un abri, il n'eût point hésité à s'évader de l'atelier; ce qui n'était pas à cette époque une entreprise aussi facile qu'on pourrait le croire.

Quitter l'atelier du maître était alors pour un artiste ce que serait de nos jours pour un soldat de déserter son régiment.

Nous demandons la permission à nos lecteurs de les introduire dans la grand'salle du palais de Florence appelée le salon du Pape, où l'on avait exposé à l'admiration du monde entier les deux célèbres cartons de Léonard de Vinci et de Michel-Ange.

Nous laisserons parler André del Sarto lui-même, ne mettant dans sa pensée et dans sa bouche que des sentiments tout à fait historiques, des paroles strictement conformes à

celles qu'il dut prononcer dans la scène qui
nous est attestée par tous les biographes.

Le jour baissait, la foule des dessinateurs et
des peintres venus de tous les coins de la terre
pour étudier et copier les deux admirables dessins s'était écoulé lentement. Il ne restait plus
dans la salle que deux jeunes gens qui malgré l'heure avancée ne faisaient pas encore
mine de quitter le travail. L'un était André,
assis sur son banc, un carton sur ses genoux,
il dessinait un groupe de Léonard ; l'autre,
debout devant son chevalet, tâchait de reproduire sur la toile le fameux soldat de Michel-
Ange qui malgré tous ses efforts ne peut réussir à faire couler sur ses membres ses vêtements mouillés.

Ils continuaient en silence à faire aller l'un
son crayon, l'autre son fusin, sans quitter
des yeux leurs modèles, et comme si aucun
des deux ne se fût aperçu de la présence de
l'autre.

Mais un observateur attentif aurait remar-
qué à des signes imperceptibles que la pensée

des deux jeunes peintres si occupés de leur besogne en apparence se portait vers le même objet, et qu'il régnait dans leurs âmes une sympathie secrète en attendant qu'elle devint de l'amitié.

Si le magnétisme eût été déjà inventé à cette époque, rien de plus facile que d'expliquer par un mot ce qui se passait dans le cœur des deux artistes ; mais au seizième siècle on se contentait de croire à la magie.

Depuis long-temps André avait distingué dans la foule des élèves ce jeune homme grave et studieux qui arrivait toujours le premier au salon et s'en allait le dernier.

L'honnêteté, la franchise, la sérénité inaltérable d'une conscience pure rayonnaient sur ses traits. André se sentait attiré vers ui par une puissance irrésistible ; mais sa timidité naturelle l'empêchait de faire le premier pas.

D'un autre côté l'inconnu aimait André d'une affection de frère sans lui avoir jamais adressé la parole.

Vingt fois il avait été sur le point de lui tendre la main, et de lui demander son amitié franchement et sans détour; mais la réflexion avait arrêté ce premier élan, et il avait toujours fini par se taire, un peu par discrétion, un peu aussi par la crainte d'être repoussé. Car rien ne ressemble tant à la fierté que la modestie et la réserve.

Cependant ce jour-là le jeune artiste avait cru remarquer dans André des dispositions singulières à la franchise et à l'abandon. A plusieurs reprises, il avait saisi dans son regard une expression craintive et presque suppliante. Il attendit que tout le monde se fût retiré, et lorsqu'ils furent seuls il se décida à rompre le silence, et jeta en l'air une phrase de monologue qui, sans exiger directement une réponse, pouvait passer pour un commencement d'entretien.

— Allons, dit-il tout haut, voilà qu'on n'y voit plus clair, il est temps de partir.

— C'est vrai, répondit timidement André.

L'inconnu posa sa palette et ses pinceaux,

rangea son chevalet et fit un pas vers André, qui, par une espèce de consentement tacite, s'était levé à son tour et se disposait à serrer son dessin.

— Vous avez bien travaillé aujourd'hui, dit le jeune peintre en abordant décidément son camarade.

— J'ai fait de mon mieux, monsieur, répondit André en venant au-devant de lui.

— Voulez-vous me permettre de regarder votre travail ?

— Très-volontiers, seulement je vous avertis que vous ne verrez rien de bon.

— Mais ceci est admirable, s'écria le peintre en jetant les yeux sur le dessin que lui tendait André. Je n'ai jamais vu une telle pureté de lignes, une telle suavité de contours, tant de charmes et tant d'élégance réunis à tant de précision, à tant de vigueur. Sur ma foi, camarade, vous devez être bien heureux et bien fier de votre talent. Il y a une fortune au bout de votre crayon.

— Hélas ! fit le pauvre André en baissant les yeux avec tristesse.

— Il me semble que vous avez soupiré. Seriez-vous malheureux par hasard ?

— Oh ! oui, monsieur, bien malheureux !

— En ce cas, touchez là, mon ami, nos cœurs sont bien faits pour s'entendre.

— Eh quoi ! vous aussi vous auriez à vous plaindre de votre sort ? continua André en serrant avec effusion la main que lui tendait l'inconnu.

— Qui n'a pas ses chagrins dans ce monde ! Mais ne parlons pas de moi, mon ami, d'où vous viennent vos malheurs ?

— J'ai un maître, fit André avec un nouveau soupir. Et les vôtres ?

— Je n'ai plus de maître, répondit l'inconnu.

— Comment ! et c'est là ce qui cause votre tristesse ?

— Certainement, poursuivit le jeune peintre

avec lenteur. Lorsqu'on a un abri et du pain, des couleurs toutes payées et de la toile pour rien, une voix pour vous diriger, une âme pour vous comprendre, un regard bienveillant ou sévère pour vous accorder le blâme ou l'éloge que vous avez mérité ; lorsqu'on a une charmante jeune fille pour modèle et un peu pour maîtresse, une vieille femme pour essuyer vos pinceaux et pour allumer votre lampe, de joyeux camarades pour vous mettre en colère, et un méchant portier pour l'envoyer au diable, de quoi se plaindrait-on? on est presque en famille !

— On voit bien que vous n'avez jamais mis le pied dans notre atelier, répliqua tristement André, aux yeux duquel le poétique tableau tracé par son camarade offrait le plus frappant contraste avec la réalité de sa position.

— Quel est votre maître ?

— Pietro di Cosimo. Quel était le vôtre ?

— Mariotto Albertini. Pourquoi voudriez-vous le quitter ?

— Parce que ma vie n'est plus tenable ; et pourtant je suis fait à la patience, je vous le jure.

Il est certain que mon maître a toujours un peu l'esprit à l'envers ; l'admiration farouche, exclusive, ombrageuse en quelque sorte, qu'il a toujours nourrie pour la nature, le faisait tomber dans des bizarreries, des excès, des transports désagréables et très-dangereux pour ceux que la nécessité oblige de frayer avec lui ; mais avec les années ces humeurs noires prennent un caractère alarmant.

Il est fou, cela est clair. L'autre jour ne m'a-t-il pas traité de canaille et d'âne bâté, parce que j'ai marché sans le savoir sur une pincée de sciure de bois qui formait je ne sais quelle figure étrange, qu'il se plaisait à considérer depuis trois heures.

Hier, j'ai eu toutes les peines du monde à l'empêcher de sortir tout nu dans les rues de Florence, et, pas plus tard que ce matin, comme les cloches de Santo-Spirito carillonnaient à triple volée, cela lui a donné un si grand accès de fureur qu'il voulait aller pendre le sonneur à la plus haute croisée de son clocher.

— Cela fait mal à penser qu'un si vaillant artiste, l'auteur du Couronnement de la Vierge, que nous avons tous admiré, soit sujet à de si déplorables faiblesses.

— J'ai eu tort peut-être de parler ainsi de mon maître, reprit André avec un ton de regret. Il faudrait jeter pieusement un manteau sur de tels écarts. Un maître n'est-il pas un second père? Mais vous m'avez paru si bon, si affectueux, si discret, que je n'ai pu résister au désir de vous conter mes chagrins. D'une autre part, si cela continue je serai bien forcé de quitter l'atelier, dussé-je me jeter dans l'Arno.

— Pauvre garçon! dit le jeune inconnu en lui secouant fortement la main pour cacher son émotion. Mais c'est assez comme ça. Vous ne pouvez plus rester chez cet homme, cela est sûr. Puisque nous voilà dans la même position, nous tâcherons de nous en tirer le mieux que nous pourrons. Deux infortunes font souvent un bonheur.

— C'est vrai, vous avez aussi quitté votre maître.

— Moi, c'est différent, c'est lui qui m'a quitté.

— Comment! il vous aurait renvoyé? Cela me semble impossible.

— Il a mieux fait que cela, il a planté là la boutique et le métier, il a jeté ses élèves à la porte, ses pinceaux par la fenêtre, et s'en est allé, vous ne devineriez jamais où, ni pourquoi faire.

— A Rome, à Venise, pour changer de manière ou d'école?

— A la porte San Gallo pour tenir une taverne.

— C'est incroyable!

— Ma foi, si le cœur vous en dit, nous pouvons souper ce soir à l'auberge de mon respectable maître.

— Le premier coloriste de l'école florentine !

— Vous le verrez avec un brave tablier de toile grise autour du corps, les manches retroussées jusqu'au coude, un énorme couteau de cuisine au côté, jouant aux cartes, ou aux dés, ou à la *mora* du soir au matin, et buvant à lui seul autant de vin que toutes ses pratiques.

— Si vous ne m'inspiriez la plus grande confiance, je croirais en vérité que vous vous raillez de moi. Mariotto Albertini un ignoble tavernier ! qui eût pu s'attendre à une telle métamorphose en voyant sa sublime Visitation, ce chef-d'œuvre qui efface par la vigueur de tons, par l'éclat, par le relief, tout ce qu'on a peint à Florence de nos temps ? Pauvre cervelle humaine !

— Insatiable gosier !

— C'est de la folie.

— C'est de l'intempérance. Cet homme a le génie dans le ventre. Mais parlons d'autre chose; car si je me représentais encore messire

Albertini tel que je l'ai vu ce matin, marchant comme un navire ballotté par les flots et sentant le vin à pleine bouche, mon cœur se soulèverait de dégoût, et le rouge m'en monterait à la figure.

— Aussi donc, vous voilà dans la rue, comme je serai demain, ce soir peut-être?

— Avec cette différence que je ne parle pas de me jeter dans l'Arno, non, Dieu merci. Avec deux bras, une volonté, de la jeunesse, on se tire toujours d'affaire. Je ne vous cache pas que dans les premiers moments cela m'a paru un peu dur de me trouver seul et abandonné sur la terre. J'ai regretté la maison, les serviteurs, les camarades et surtout la jolie Gilletta, notre charmante modèle. Mais puisque je vous trouve, nous vivrons, si vous voulez, comme deux frères ; et si l'un de nous vient à tomber malade, l'autre le soignera. Cela vous va-t-il?

— Comment vous exprimer ma reconnaissance! s'écria André touché jusqu'aux larmes.

— Touchez là, et tout est dit !

— Mais, reprit André en hésitant, je ne possède pas la moitié d'un florin, et les logeurs ne voudront pas nous faire crédit. C'est un si mauvais métier que le nôtre !

— Qu'à cela ne tienne ! J'ai un pourpoint tout neuf, une barrette et une plume qui m'ont fait le plus grand honneur à la dernière procession de la saint Jean. Je la donnerai à compte de notre loyer. Pour la nourriture, j'ai une idée. Nous irons loger à la halle aux blés. Il est impossible que quelques-uns de ces honnêtes marchands, en voyant notre enseigne au-dessus de la croisée — je m'en charge ; — il est impossible, dis-je, que les vénérables bourgeois ne soient pas tentés de se faire peindre tout vifs pour quelques méchants boisseaux de farine.

— Vous songez à tout !

— Je m'en flatte. Et, tenez, j'oubliais le plus important ; nous avons du travail tout prêt ; si nous voulons, dès demain.

— Possible !

— J'ai l'honneur, tel que vous me voyez, d'être un très-proche parent du sacristain de l'église dei Servi. Il m'a proposé vingt fois de lui peindre quelque chose de ma façon, sur les rideaux qui couvrent les tableaux du maître-autel. C'est une Déposition de Perrugino. J'ai refusé, vous comprenez. J'ai dit au sacristain, tout mon parent qu'il est: Mon révérend, je ne peins pas des torchons. C'est la besogne du teinturier. Quand vous aurez des tableaux à faire, vous m'appellerez. J'aime mieux le fond que l'enveloppe. Tenez-vous-en pour averti... et *Deo gratias.* » Mais à présent nous n'avons pas le loisir d'être fiers. Si ma proposition vous convient, un de ces rideaux est à vous.

— Vous êtes mon sauveur !

— Appelez-moi votre frère.

— Frère, dit André d'une voix solennelle, notre amitié ne s'éteindra que lorsque l'un de nous aura précédé l'autre dans la tombe, et si j'ai le malheur de vous y voir descendre le premier, je vous y suivrai bientôt, je vous le jure.

Et les deux jeunes gens émus, pensifs et heureux, sortirent bras dessus bras dessous, devisant de leurs projets et escomptant leur avenir, jusqu'à une heure très-avancée ; puis ils se séparèrent enfin en se donnant rendez-vous pour le jour suivant.

— A propos, dit l'inconnu en se tournant sur ses pas; votre nom?

— Andrea del Sarto. Et le vôtre?

— Francia Bigio.

Le lendemain, les deux jeunes gens, fidèles à leur parole, étaient installés dans une petite chambre à la Piazza del Grano. Ils vivaient et travaillaient tout à fait comme Titien et Giorgione, à cette différence près que l'amitié d'André et de Francia se conserva pure de tout nuage jusqu'à la mort de ce dernier.

Le sacristain des Servi, qui s'était résigné,

Dieu sait avec quelle douleur, à voir les grands rideaux de toile sans la moindre peinture, reçut son parent et le collaborateur qu'il amenait avec un ravissement d'autant plus sincère que leur visite était moins attendue.

L'ouvrage fut terminé en peu de jours.

André, plus modeste, peignit sur son rideau une Assomption.

Francia choisit par bravade le même sujet du tableau que la toile devait couvrir, et esquissa à larges traits une Déposition de croix.

Ces peintures à peine achevées firent beaucoup d'honneur aux deux jeunes artistes. La foule se porta à l'église des Servi. On admirait presque autant le travail de Francia et d'André que celui de Philippo et de Pietro Perrugino.

Il y en eut même quelques-uns, c'étaient apparemment des novateurs, qui, après avoir donné un coup d'œil distrait et ennuyé au chef-d'œuvre de Perugino, disaient au sacristain :

— Tirez les rideaux, le dehors vaut mieux que le dedans, — au grand ébahissement du bonhomme.

La réputation des deux camarades s'accrut rapidement. Bientôt les commandes arrivèrent de tout côté.

Les deux peintres ne suffisaient plus à l'ouvrage.

La Confrérie de Saint-Jean-Baptiste, appelée *Compagnia dello Scalzo*, parce que dans les processions solennelles un de ses membres avait coutume de porter le crucifix pieds nus, se réunissait alors à Florence au bout de la via Larga, vis-à-vis les jardins de Saint-Marc. Il s'agissait d'avoir un endroit convenable pour les séances publiques et d'apparat. Les gouverneurs de la confrérie firent les choses largement.

Ils appelèrent tous les artistes et les maçons florentins qu'ils purent trouver disponibles, et bâtirent en peu de jours, comme par enchantement, une très-jolie cour circulaire, qui posait sur des colonnes sveltes et peu élevées. Une fois les murs debout, il fallait les revêtir de fresques, et jeter sur les parois intérieures de l'enceinte une grande composition cyclique, où se déroulerait en plusieurs compartiments la vie du Précurseur, sous le patronage duquel la compagnie était placée.

On songea à notre André.

Vasari assigne deux raisons, l'une plus plausible que l'autre, pour expliquer le choix des recteurs. D'abord André del Sarto passait déjà pour un très-bon peintre, et ensuite la Confrérie dello Scalzo, fidèle à son nom (les va nu-pieds), était plus *riche de courage que d'argent.*

André accepta les conditions, quelque modiques qu'elles pussent paraître à tout autre artiste, et se mit immédiatement à l'œuvre.

André del Sarto a travaillé à sa fresque

quinze années durant, à plusieurs reprises.

Il suffirait donc de cette page pour rendre compte des progrès, des écarts et des différentes phases de son talent.

Sa composition entière fut partagée en douze compartiments. Il débuta par le Baptême du Christ, suivant plutôt son inspiration que l'ordre chronologique; et bien lui en prit, car il est impossible d'imaginer une peinture plus touchante, plus vraie, plus spontanée. A peine avait-il découvert ce premier essai, que déjà sa place était marquée parmi les artistes du premier rang.

On admirait chez le jeune peintre une correction de style assez rare même chez les maîtres les plus éprouvés, une grande simplicité d'ordonnance, une extrême pureté de dessin; mais surtout la grâce virginale, la chaste et idéale poésie dont il savait embellir les figures des anges et des enfants.

Le second tableau est celui de la Prédication dans le désert.

Il y a un progrès remarquable dans la

composition et le coloris. Mais une critique trop minutieuse pourrait reprocher à l'artiste quelques réminiscences des Ghirlandajo et d'Albert Durer, entre autres une figure d'homme vêtu d'une large robe fendue des deux côtés, et une femme assise avec un enfant.

On voit que l'artiste encore indécis essaye de plusieurs manières pour se former un style à lui et cette individualité puissante qui le fera reconnaître entre mille pour la suave harmonie de sa couleur, pour l'expression angélique et divine de ses figures et pour cet inimitable dessin qui lui a mérité le surnom d'*André sans reproche*.

Le compartiment dans lequel est représenté saint Jean qui baptise la foule est déjà une œuvre de maître. C'est le troisième dans l'ordre chronologique.

Il ne laisse rien à désirer sous le rapport de l'invention et de l'exécution. Dans l'intervalle André avait peint à l'huile quelques tableaux de dévotion commandés par des particuliers; une composition dont on ignore le sujet pour Filippo Spini, et qui s'est égarée malheureusement; un Christ apparaissant à la Madeleine sous les traits de jardinier pour les Augustins de la porte San Gallo, et plusieurs fresques dont nous parlerons plus bas.

Les autres compartiments de l'histoire de saint Jean-Baptiste furent achevés plus tard, et marquent, comme nous l'avons dit, par des jalons successifs la carrière de l'artiste.

Malgré la vénération séculaire dont ces peintures ont été constamment entourées, elles sont dans un état pitoyable.

La Confrérie *dello Scalzo* ayant été supprimée en 1785, le cloître peint par André fut confié à la garde du président de l'académie des Beaux-Arts. Mais le mal était déjà fait, à ce qu'il paraît. Un Français — nous sommes fâché de le dire — on ne sait si c'est par folie ou par méchanceté, les éclaboussa d'encre et de bitume, s'il faut en croire le récit de M. Léopoldo del Miglioro.

On voulut les retoucher ; mais le remède fut encore pire que le mal, à en juger par ce que nous voyons aujourd'hui. On a pris les plus grandes précautions pour conserver précieusement ce qu'il en reste.

On ne pourrait se faire une idée de la joie de Francia et d'André en voyant leurs vœux les plus téméraires si promptement dépassés.

Quoique la plupart des tableaux fussent entrepris à vil prix, ils en retiraient non-seulement de quoi suffire à leurs modestes besoins, mais ils pouvaient se donner largement le superflu.

André, en bon fils, secourait ses parents. Francia, d'un talent moins élevé mais d'un caractère plus ferme et d'une santé plus robuste, aidait consciencieusement son camarade et partageait fraternellement ses profits et ses travaux.

Bientôt leur nouvelle aisance ne leur permit plus d'occuper leur petite chambre *della Piazza del Grano*. On se mit en quête d'un appartement convenable. Et comme les deux amis avaient affaire près du couvent de l'*Annonciade alla Sapienza*, ils se logèrent par là, dans une rue qui réunit la place Saint-Marc à celle de l'Annonciade, à quelques pas de l'atelier d'André Contucci, sculpteur.

Ce fut à cette occasion que notre peintre se lia si étroitement avec Jacques Sansovion, élève de Contucci, qu'il ne pouvait plus vivre sans lui ni nuit ni jour, de sorte que l'amitié d'André del Sarto pour Francia, sans se refroidir un seul instant, en fut néanmoins un peu négligée. Nous verrons tout à l'heure quelles funestes conséquences résultèrent pour André et de ses nouvelles liaisons et du genre de vie agitée et plus libre qu'il adopta par la suite.

Sansovino adorait son art avec passion, il en causait avec savoir et enthousiasme, et dans ses entretiens profonds et saisissants le jeune peintre puisait des enseignements précieux et une sainte ardeur. Mais Sansovino, comme tous les artistes de son temps, aimait les plaisirs grossiers, les orgies bruyantes.

Il avait fait deux parts égales de sa vie, le jour au travail, la nuit à la débauche. André, naturellement disposé à l'insouciance et à la mollesse, contracta en compagnie de son nouvel ami des habitudes de désordre et de dissipation.

Nous dirons bientôt dans quelles étranges mascarades, dans quels festins pantagruéliques la fleur des peintres, des architectes et des statuaires du seizième siècle passaient le temps qu'ils pouvaient dérober à leurs travaux.

Rien de plus curieux que le récit des incroyables saturnales dont Benvenuto Cellini et Georgio Vasari nous ont laissé le souvenir.

Le pauvre Francia avertit plusieurs fois son camarade qu'il faisait fausse route. André, s'excusant avec douceur, comme tous les caractères faibles, opposait aux conseils et aux remontrances de son ami une résistance passive. Ses visites à son père et à sa vieille mère

8.

devinrent un peu rares. Il se dérangeait visiblement. Des besoins qu'il n'avait point connus jusqu'alors éveillèrent dans son âme une passion qui lui était totalement étrangère, la cupidité.

Ses travaux se ressentirent d'une certaine hâte maladive, d'une impatience fiévreuse, d'une coupable négligence.

Francia lui reprocha sévèrement un jour qu'il commençait à ne plus travailler que pour de l'argent.

Ce reproche, extrêmement sensible au jeune artiste, le fit pleurer de dépit et de douleur. Son âme était encore vierge, le mal n'était qu'à l'œuvre. Pour donner un démenti à son compagnon, à son frère, il s'engagea dans une entreprise folle et inconsidérée dont les biographes nous ont conservé la relation curieuse.

Blessé au cœur par les paroles de son camarade, dont il s'avouait cependant la justesse, André se promenait tristement sous les arcades de la cour des Servites, et prenait un amer plaisir à se rappeler les moindres détails de cet entretien, dans lequel il lui semblait que Francia avait pour la première fois outrepassé les pouvoirs de l'amitié.

— J'ai travaillé un peu vite dans les derniers temps, pensait-il ; je n'ai pas été fâché de montrer à Contucci et à Sansovino que je savais gagner ma vie aussi bien qu'homme de Florence, et que, tous frais payés, il me restait encore quelques sequins pour avoir une robe neuve et un béret galonné, s'il m'en prenait fantaisie, ou pour souper joyeusement avec dix ou douze amis par un jour solennel. Cela est vrai ; mais, de ce que j'ai un peu hâté l'ouvrage et que je n'ai pas retouché vingt fois la même place, s'ensuit-il que je ne sois plus qu'un homme intéressé, sans conscience et sans vergogne, un peintre d'enseignes, un ouvrier à la tâche, barbouillant les murs à grande force de bras rien que pour l'amour de l'argent ! est-ce à dire que je ne suis plus un artiste ! que je n'ai plus nul souci de l'honneur et de la renommée ! Donnez-moi un sac d'écus et je m'accroupirai devant, les deux genoux par terre, adorant le dieu Plutus, ni plus ni moins que Jonathas, le vieux juif du Pont-Vieux ! Par la vie de mon père ! c'est me traiter comme le dernier des misérables.

Et, s'animant par degrés, le jeune homme élevait peu à peu la voix, et pensait tout haut comme s'il n'avait eu que Dieu et les murs du cloître pour témoins de son indignation et de ses plaintes.

—Ah ! messer Francia Bigio, s'écriait-il avec une véritable colère, vous me traitez de cupide et d'avare, vous dites que je ne travaille plus que pour de l'argent ! eh bien ! que je ne puisse plus tenir un pinceau si je ne jette mes tableaux à la tête du premier venu et mes fresques sur la première muraille blanche qui me tombera sous la main ! Voyons, qui veut des Assomption, des Visitation, des Annonciation, des Sainte-Famille pour rien, pour rien du tout, entendez-vous, bourgeois et moines de Florence ?

— Ah ! je ne travaille que pour de l'argent!

Au moment où le monologue d'André atteignait le diapason le plus élevé, frère Mariano, le sacristain du couvent, se leva de son petit banc, où il recevait les cierges et les autres offrandes des fidèles, et s'approcha doucement du jeune homme. Frère Mariano avait saisi les dernières paroles, et l'occasion lui avait paru trop belle pour ne pas faire tourner les dispositions de l'artiste à la plus grande gloire de Dieu et au plus grand profit de l'Église.

— Que saint Philippe vous protége, mon enfant! lui dit le moine d'une voix pleine d'onction en lui frappant paternellement sur l'épaule.

— Quel saint Philippe? répondit brusquement André comme un homme réveillé en sursaut. Que me voulez-vous, mon père? Où suis-je?

— Saint Philippe Benizzi, répondit flegmatiquement le moine, le saint patron de l'ordre des Servites fondé en 1133 par sept jeunes Florentins aussi pieux et aussi jeunes que vous, mon garçon ; vous êtes dans la cour de son couvent, et vous voyez en moi l'humble sacristain de l'église.

— Pardonnez-moi, mon père, j'ai parlé peut-être trop haut, une préoccupation assez vive m'avait fait oublier le saint lieu où je me trouve; et si vous ne m'eussiez tiré par la manche de mon habit, il est probable que je suivrais encore le cours de mes divagations.

— Vous avez des chagrins, mon enfant ?

— Pas précisément, mon père; mais je n'ai pas sujet d'être content d'un ami qui m'a parlé un peu trop durement à mon avis, quoiqu'en vérité je l'aime autant que s'il était mon frère.

— Vous êtes peintre, je crois?

— Pour vous servir, mon révérend, répondit André en ouvrant de grands yeux ébahis; car il ne s'imaginait pas de porter sa profession écrite sur le front, ne se trouvant pas encore assez célèbre pour être montré au doigt par les passants, et ne croyant pas avoir parlé assez haut pour faire connaître le métier qu'il exerçait à tout le monde.

— En ce cas, mon ami, dit le sacristain en le prenant familièrement par le bras, faites-moi la grâce de me dire franchement ce que vous pensez de la fresque que voilà.

Et il l'entraîna à l'autre bout de la cour, devant la fresque d'Alesso Baldovinetti qui représentait une Naissance du Christ; peinture assez médiocre et presque entièrement effacée par le temps.

— Je pense, dit André par un sentiment de modestie et de réserve, qu'elle n'est pas assez conservée pour pouvoir en juger.

— Et que dites-vous de cette autre? continua le moine en lui montrant du doigt le saint Philippe commencé par Rosselli du côté opposé de la cour.

— Je dis, mon père, que Cosimo Rosselli a mieux fait que cela, et que si la mort lui avait laissé achever sa fresque il eût corrigé certainement ce qu'on y voit de trop sec, de trop dur et de trop anguleux.

— Bien jugé, jeune maître. Mais, hasarda le sacristain d'une voix timide, vous sentiriez-vous la force d'entreprendre la décoration entière de ce cloître et de peindre sur ces beaux murs vides l'histoire de notre saint protecteur?

— Pourquoi pas! répondit André, dont les yeux étincelèrent d'un noble orgueil.

— Et que diriez-vous, jeune homme, si je vous choisissais pour exécuter un tel ouvrage?

— Je ferais tous mes efforts pour justifier la confiance que vous auriez placée en moi sans me connaître.

— N'est-ce pas que ce serait un travail à faire la réputation d'un artiste? dit frère Mariano.

— Et la fortune d'un artiste, ajouta André.

— Hein! s'écria le moine en reculant de trois pas, comment l'entendez-vous?

— Je dis, mon père, reprit André, qui venait d'oublier tout à coup son monologue, que, même en estimant ces peintures au prix le plus modique, il y aura de quoi enrichir l'artiste qui en sera chargé.

— Comment ! vous auriez la bassesse de marchander quelques toises de fresques à saint Philippe Benizzi?

— Ce n'est pas à saint Philippe que je prétends vendre mon travail; mais bien à vous, mon père, et aux religieux de votre estimable couvent.

— Mais songez, jeune homme, que nous faisons vœu de pauvreté.

— Mais songez, mon père, qu'il y a là pour quatre ou cinq mois d'ouvrage, et que je ne suis pas assez riche pour pouvoir travailler pour mon plaisir.

— Nous n'avons pas un sou, mon enfant.

— Aussi n'est-ce pas vous, mon père, mais bien les fidèles qui payeront ces peintures.

— L'aumône ne va pas, mon fils.

— Inventez d'autres miracles, mon père.

— C'est vous qui devriez me payer au contraire. Cette cour est continuellement ouverte au public ; des citoyens et des étrangers de tout rang et de tout sexe la visitent à toute heure, et le peintre qui aura le bonheur de signer son nom au bas de ces fresques sera l'homme le plus estimé, le plus illustre et le plus riche non-seulement de Florence, mais de toute l'Italie.

— Oui, mais en attendant il mourra de faim.

— Fi donc ! j'avais cru que vous visiez plus haut, et que vos désirs n'aspiraient qu'à une récompense céleste.

— Mais le tailleur, l'aubergiste, le marchand de couleurs ne se payent pas de cette monnaie, mon révérend, et je serais bien reçu si, lorsqu'ils viennent me réclamer ma dette, je leur montrais le ciel pour toute réponse.

— Allons, je vois que vous n'êtes guère raisonnable.

— Pour vous prouver combien je le suis, je vais vous faire une proposition que pas un apprenti de Florence ne voudrait accepter.

— Voyons, fit le sacristain en le regardant fixement.

— Je ne vous demande que deux cents florins pour chaque tableau.

— Deux cents florins ! s'écria le moine d'une voix foudroyante.

— Il y a à peine de quoi payer mes journées.

— Deux cents florins !

— Je dépenserai presque autant en couleurs.

— On m'avait bien dit que vous n'étiez qu'un juif.

— Que dis-tu, frère ! s'écria André en devenant blême de colère.

— Que vous aimez l'argent par-dessus tout, par-dessus votre art, par-dessus la gloire, par-dessus le salut de votre âme.

— Eh bien! si vous trouvez un homme à Florence qui entreprenne ces peintures pour un sou de moins, je consens.

— Mais certainement, qu'il s'en trouve, et des artistes de conscience et de talent, Dieu merci, qui me prient de leur allouer l'ouvrage pour la moitié de ce que vous demandez; et, tenez, pas plus tard qu'hier, un de nos jeunes peintres les plus distingués est venu se mettre entièrement à ma disposition.

— Et quel est le nom de ce peintre?

— Je n'ai aucune raison de le cacher. Il s'appelle...

— Il s'appelle...

— Il s'appelle Francia Bigio.

André bondit à ce nom, il prit le sacristain par les plis de sa robe et lui répéta d'une voix saccadée:

— Vous dites que celui qui se charge de vos peintures, c'est...

— Francia Bigio, ne le connaissez-vous pas?

— C'est mon meilleur ami.

— Est-ce que vous ne le croiriez pas capable de s'acquitter dignement de la commission?

— Il a quatre fois plus de talent que moi.

— A la bonne heure.

— Et quel prix vous a-t-il demandé pour chaque fresque?

— Mais, mais, balbutia frère Mariano pris au dépourvu... il m'a demandé soixante florins par tableau.

— Francia Bigio?

— Francia Bigio.

— Eh bien! alors je le ferai pour rien...

— Oh! oh! je ne prétends pas non plus...

— Pour rien, vous dis-je.

— Vous allez toujours aux excès.

— Ne suis-je pas maître de donner pour rien mes heures, mes journées, mes pinceaux, mes cartons, mes couleurs! s'écria

André emporté par la colère et se promenant à grands pas dans le cloître. Ah! nous verrons, mon cher Francia, lequel de nous deux aura le droit d'adresser des reproches à l'autre. Vous demandez huit ducats à peu près pour des fresques qui en valent au moins cinquante; eh bien! je vais les faire pour rien du tout, moi, on verra lequel est le plus désintéressé de nous deux. Puis s'arrêtant tout à coup devant frère Mariano, qui le regardait avec une certaine inquiétude, craignant d'avoir à faire à un fou, il lui dit avec une grande volubilité : Voyons, que faites-vous là, droit et immobile comme un pilier de couvent, et qu'avez-vous à me regarder ainsi! Courez donc chercher une plume et du papier et signons l'acte.

— Calmez-vous, mon enfant, je ne veux profiter des fatigues de personne.

— Voulez-vous de moi, oui ou non? Je me nomme André del Sarto ; vous pouvez vous en informer dans les ateliers de Florence. On vous dira que je suis homme à tenir mes engagements, et à m'en acquitter aussi bien qu'un autre.

Frère Mariano, qui connaissait parfaitement le jeune homme, s'inclina avec une modestie hypocrite, comme s'il venait d'apprendre pour la première fois à qui il avait affaire, et répondit d'une voix doucereuse :

— Je n'ai pas besoin de prendre des informations sur vous, maître André; tout jeune que vous êtes, votre nom est assez connu à Florence, et il n'y a pas si loin de notre église à la Confrérie dello Scalzo, pour que je n'aie pas admiré maintes fois votre Baptême du Christ et votre Prédication dans le désert. Voici que le cloître commence à se peupler de curieux. Il n'est pas nécessaire que tous les dévots de la ville sachent nos arrangements. Veuillez me suivre dans ma cellule, et, puisque Dieu et saint Philippe Benizzi vous ont inspiré une si bonne résolution, c'est à moi à vous la rendre agréable et fructueuse autant que mes petits moyens me le permettent.

Et, saluant de nouveau, il montra l'escalier au jeune peintre et se mit en devoir de le précéder jusqu'à sa chambre. Arrivées dans la cellule, les deux parties contractantes furent bientôt d'accord : car André avait hâte de se venger à sa manière des reproches de son ami, et frère Mariano n'en croyait pas ses yeux de se voir arrivé si promptement au but de ses désirs ; seulement, pour empêcher qu'André ne se repentît plus tard de sa sotte équipée, et pour ne point paraître trop voleur aux yeux de la ville lorsque les conditions de ce singulier marché viendraient à s'ébruiter, le moine exigea formellement que l'artiste acceptât le prix de dix ducats ou quatre-vingt dix-huit florins pour chaque tableau.

— Je sais que c'est un sacrifice énorme pour le couvent, ajouta le sacristain en poussant un long soupir, et que nos pauvres pères auront bien des messes à dire pour amasser une telle somme ; mais on ne saurait trop faire pour un artiste tel que vous, et je prends sur moi la responsabilité d'une si lourde affaire.

André signa sans lire, serra la main au moine, lui dit : A demain, et courut chez lui, fier et joyeux, pour donner à son ami Francia Bigio une réponse à laquelle il était loin de s'attendre.

Le pauvre Francia, désolé de ne pas avoir mis plus de ménagements dans la remonr ance qu'il avait cru devoir adresser à son camarade, comptait les heures avec impatience et se promettait, dès qu'André serait de retour, de se jeter dans ses bras et de lui demander pardon de la vivacité et de l'amertume de ses paroles. Mais, voyant dans les yeux et sur le front de son ami une expression de fierté et de triomphe qui ne lui était pas habituelle, il le regarda avec surprise, et remit son explication à un autre moment.

— Bonjour, Francia, dit gaîment André en jetant sa barrette sur son bahut, que dit-on de neuf à Florence ?

— Comme te voilà joyeux, mon ami !

— Comme un homme qui vient de conclure une excellente affaire, au bout de laquelle il y a de l'argent, beaucoup d'argent, répondit André avec intention.

— Écoute, mon ami André, tu es fâché de quelques paroles que je t'ai adressées hier au sujet des nouvelles habitudes que je te vois contracter. Pardonne-moi, je n'ai pas cru t'affliger. Tu sais bien que c'est mon amitié pour toi, ma tendresse plus que fraternelle qui m'ont fait parler. Peut-être me suis-je trompé, peut-être ai-je été trop sévère. Oublions ce fâcheux moment, et qu'aucun nuage ne trouble plus notre amitié.

— Mais je ne t'en veux pas du tout, mon ami, et, pour te prouver que je ne demande pas mieux que de suivre tes conseils, j'entreprends dès demain un ouvrage très-long et très-sérieux qui me fera, je crois, quelque honneur.

— Tu m'apprends là, mon cher André, une heureuse nouvelle, et quel est cet ouvrage ?

— Les cloîtres des Servites : il y aura une dizaine de fresques, qui seront vingt fois plus importantes que nos histoires de saint Jean.

— Tant mieux pour toi, mon bon André, ce travail ne peut manquer de redoubler ta renommée, et de t'assurer une large et commode existence.

— Ah! tu dis tant mieux! tu n'es donc pas fâché que j'aie obtenu ces peintures?

— Y penses-tu? pourquoi cette question? est-ce une moquerie, est-ce une vengeance? tu es bien cruel, mon frère; n'importe, n'en parlons plus; et quelles conditions t'a-t-on faites?

— Magnifiques, dix ducats pièce.

— Dix ducats pour chaque composition?

— Qui aura quinze personnages, est-ce cher?

— Mais cela n'est pas possible : on n'a pas pu t'offrir dix ducats.

— Quatre-vingt-dix-huit florins, si tu aimes mieux.

— C'est un vol trop scandaleux; il t'en coûtera le double en couleurs.

— Que veux-tu! il a fallu en passer par là, puisqu'il se trouvait quelqu'un qui les aurait fait pour six.

— Tu te ris de moi, André! et quel était le fou ou le bouffon qui a mis en avant une telle plaisanterie?

— Mais... un nommé Francia Bigio.

François se leva pourpre de colère.

— C'est pousser trop loin la raillerie, dit-il en s'avançant d'un pas, et tout autre que toi ne s'amuserait pas ainsi à mes dépens par le saint jour où nous sommes.

— Je te dis très-sérieusement qu'on vient de m'affirmer tout à l'heure, aussi vrai que je m'appelle André, que tu ne demandais pas mieux que de peindre le cloître au prix de soixante florins d'argent par chaque fresque.

— Quiconque a dit cela en a menti.

— C'est frère Mariano, le sacristain des Servites.

— Il a voulu abuser étrangement de ta crédulité ; mais le piége est trop grossier pour que tu t'y sois laissé prendre.

— Comment ! tu n'as pas vu frère Mariano ?

— Je ne lui ai jamais parlé de ma vie.

— Tu n'aurais pas entrepris ce travail à de telles conditions ?

— Me crois-tu fou ?

— Ainsi donc ce moine...

— S'est moqué impudemment.

— Sang et furie !

— Eh ! mon Dieu, que veux-tu faire ? Si c'était un homme, il y aurait de quoi s'en fâcher ; mais c'est un sacristain. Que cela te serve d'avertissement ; une autre fois, lorsqu'il viendra te faire de ces contes, tu le renverras à son *banc des chandelles*.

— C'est trop tard, murmura le pauvre

André en rougissant de confusion et de honte.

— Que veux-tu dire ?

— Je viens de signer un engagement en toute règle, et je suis volé comme dans une église.

— Pauvre André ! lui dit Francia en lui serrant la main avec un sentiment d'intérêt et de compassion.

Il y eut un silence de plusieurs minutes : les deux amis regardaient le sol et s'adressaient chacun pour sa part de muets reproches.

— Allons, fit André en rompant enfin ce silence, ce qui est écrit est écrit, n'y pensons plus, cela m'apprendra à ne pas me défier de toi, mon cher Francia. Après tout, ajouta-t-il gaiement, je ferai, comme l'a dit le frère, ma réputation dans ce monde et mon salut dans l'autre.

Et comme il était désormais impossible de revenir sur le passé, André (*che dolce è buono uomo era!*) se mit le lendemain même à l'ouvrage.

Le premier tableau a pour sujet la rencontre du lépreux à *Buon Convento*, et, quoique dans cette fresque André del Sarto soit encore loin d'avoir atteint cette maturité de contours et cette harmonie de tons qui l'ont fait surnommer par Lanzi le Tibulle de la peinture, auprès de l'ouvrage de Rosselli l'ouvrage d'André était un chef-d'œuvre.

La fresque suivante, où l'on voit les blasphémateurs frappés de la foudre, est admirable de mouvement, d'expression, de couleur.

L'épouvante jetée dans la foule par ce châtiment de Dieu si terrible et si brusque, est rendue de main de main de maître.

Deux de ces impies railleurs sont étendus par terre au pied d'un arbre sans mouvement et sans vie; les autres se tenant la tête à deux mains, égarés, perdus de terreur, se précipitent sans savoir où, et poussent des hurlements que vous croiriez réellement entendre rien qu'à voir la contraction de leur bouche et la dilatation effrayante de leurs prunelles ; une femme, hors d'elle-même, écrasée, paralysée presque par l'éclat du tonnerre, ne sait plus par où fuir.

C'est la nature prise sur le fait. Profitant du tumulte, un cheval a rompu son frein et par ses bonds furieux achève de mettre tout ce qui l'entoure en confusion et en déroute. Un seul homme est calme au milieu de l'émotion générale : c'est le saint.

A sa gauche et à sa droite sont deux humbles moines oubliés, je ne sais pourquoi, par Vasari, dans lesquels André del Sarto a exprimé d'une manière inimitable la lassitude et la fatigue qu'a dû produire sur ces bons religieux une si longue montée. La scène se passe au sommet d'une colline, et le paysage est très-bien traité dans ce délicieux tableau, dans lequel on ne sait ce qu'on doit admirer le plus, ou de la distribution des groupes, du choix des attitudes, ou de la perfection désespérante du coloris.

Le troisième tableau, dans lequel André del Sarto s'est encore surpassé, représente une jeune fille exorcisée par saint Philippe. Les expressions manquent pour louer dignement ce chef-d'œuvre; car le progrès de l'artiste est toujours ascendant, et dès qu'on a employé le peu de mots que la langue nous prête pour exprimer l'admiration et l'enthousiasme on tomberait dans la monotonie et dans les redites.

André ne s'arrêtait pas cependant dans la noble voie qu'il s'était tracée. Son amour-propre satisfait le consolait de tous les sacrifices.

La pauvreté est belle et joyeuse lorsqu'un rayon de gloire vient dorer les haillons dans lesquels elle se drape plus fièrement qu'un roi dans sa pourpre.

Il fit sur une façade de la cour la mort du saint entouré de ses frères qui le pleurent; sujet d'une simplicité touchante, dans lequel il a su trouver un contraste d'un effet neuf et surprenant. Un petit enfant qui venait de mourir quelques heures avant le saint est porté par ses parents éplorés près de la bière où le serviteur de Dieu repose dans la paix éternelle. A peine le petit cadavre a-t-il touché l'arche sainte, qu'il est rendu à la vie et aux larmes de sa mère.

On le voit courir plus loin dans un autre plan de la fresque plein de santé et de force Cette peinture a l'avantage sur les autres d'être parfaitement conservée, et on ne saurait dire quel charme secret, quelle pieuse et céleste douceur s'empare à la fois de l'âme et des sens de ceux qui la contemplent. C'est un des plus consolants triomphes de l'art chrétien.

Le cinquième tableau n'appartient déjà plus qu'à l'apothéose posthume de saint Protagoniste : c'est celui qui clôt la série des sujets tracés par notre peintre sur le côté de la cour.

Le coloris en est parfait dans la plus stricte acception du mot.

Ce sont des frères servites qui posent la robe miraculeuse du saint sur la tête des petits enfants.

On ne saurait rien rêver de plus gracieux et de plus animé. Dans un coin du tableau André a placé la figure d'un vieillard au dos voûté, à la tête vénérable, vêtu d'une robe rouge, et s'appuyant sur un bâton. C'est le portrait du célèbre sculpteur Andrea della Robbia.

Une belle gravure de Girolamo Notto a reproduit récemment les traits de cette dernière composition, où l'âme du grand artiste a révélé ses plus riches trésors.

Le succès obtenu par cette partie du cloître des Servites a peu d'exemples dans l'histoire de l'art.

André del Sarto épuisa la coupe enivrante des louanges et des ovations publiques. Il faut cependant rendre justice à son cœur : au milieu de ce fracas si envié et si stérile qui se fait autour des triomphateurs, une poignée de main de son ami Francia, un sourire approbateur lorsqu'il rentrait au logis, une remarque éclairée et bienveillante étaient mille fois plus doux à André que tous les applaudissements de la foule.

L'amitié des deux artistes agitée par quelques dissentiments passagers était sortie de l'épreuve plus rayonnante et plus pure. Cette fois Francia Bigio s'applaudissait ouvertement d'avoir grondé son frère, et de l'avoir ainsi précipité par les deux épaules à travers le cloître du frère Mariano. Il est vrai qu'André avait été à deux pas de sa ruine. Mais quelle misère pourrait payer une telle gloire !

Cependant, bon gré, mal gré, il faut vivre. Les ressources des deux amis, qui étaient loin d'être considérables, s'étaient englouties dans le gouffre du marchand de couleurs.

Comment suffire à une si effrayante consommation de pinceaux et de brosses? Le crédit commençait à s'épuiser, et le pauvre André, nourri de gloire et de bénédictions, devenait d'une maigreur à faire envie aux saints gothiques.

Il fallut en finir.

Un beau matin, tandis que frère Mariano se frottait les mains en regardant les chefs-d'œuvre qu'il venait de gagner à son église à force de génie et de ruse, tandis qu'il souriait avec une véritable béatitude en songeant au surcroît d'offrandes qu'apporterait à son couvent l'autre partie du cloître, lorsqu'elle serait achevée dans la même perfection et surtout au même prix que la première. André entra dans la cour plus frais et plus dispos que jamais.

— Ah! vous voilà, mon enfant, dit le sacristain en courant à sa rencontre, soyez le bienvenu. Le travail vous attend, l'échafaudage est déjà dressé, et le crépi est tout prêt. Que Dieu et notre saint patron bénissent vos pinceaux et soutiennent votre bras comme ils l'ont fait jusqu'ici! Allez! mon fils, je ne vous demande qu'une chose, c'est que la seconde partie de votre œuvre ressemble à la première.

— Ah çà! frère Mariano, dit André d'un air moitié sérieux, moitié goguenard, regardez-moi bien en face. Vous souvient-il de ce que vous m'avez dit lorsque j'ai commencé ces peintures?

— Que vous ai-je dit, mon doux Jésus ! et où voulez-vous en venir avec vos questions ?

— Vous m'avez dit, sacristain de mon cœur, que je vous devais des remercîments et des chandelles pour m'avoir donné la préférence sur je ne sais combien d'artistes qui vous obsédaient nuit et jour pour peindre votre cloître.

— C'était la pure vérité.

— Vérité de moine, mon révérend; mais ce n'est pas de cela qu'il s'agit : vous m'avez ajouté que si je m'acquittais en confiance de la tâche que vous vouliez bien me confier, je ferais ma réputation sur la terre et mon salut dans le ciel. N'est-il pas vrai, mon père ?

— Vous ai-je trompé, mon fils ? votre nom n'est-il pas aujourd'hui dans toutes les bouches ? n'entendez-vous pas le chœur de bénédictions et d'éloges qui s'élève devant vos peintures ? Moi-même et mes pieux confrères ne disons-nous pas des messes à votre intention ?

— Vous trouvez donc que j'ai acquis quelque célébrité ?

— Vous êtes le premier peintre de Florence.

— Et que mes travaux auront quelque poids dans la balance de Dieu?

— Je suis convaincu, mon fils, que l'homme qui a si bien peint l'histoire de notre glorieux saint Philippe ne peut manquer d'avoir une place parmi les élus du Seigneur.

— Eh bien! mon père, puisque de votre aveu je suis le premier peintre de Florence, puisque dans votre conviction j'ai gagné ma part de paradis, je ne veux plus travailler à vos peintures.

— Comment! Que dites-vous, malheureux?

— C'est clair! ma réputation est faite, et je ne puis plus rien gagner de ce côté-là. Mon salut est assuré, et on ne peut pas occuper deux places dans le ciel. Donc, recevez mes remerciments bien sincères et donnez-moi votre bénédiction.

— Un moment, mon maître, dit frère Mariano en l'arrêtant par un bout de son pourpoint, vous en parlez bien à votre aise. Vous oubliez, je crois, certain engagement signé dans ma cellule. Il suffira, pour vous le remettre en mémoire, de vous en répéter le commencement :

— *Moi, soussigné, Andrea Vannucchi del Sarto, peintre florentin...*

— C'est inutile, mon révérend, vous savez bien par quelle ruse indigne vous avez abusé de ma bonne foi. J'irai devant les Huit, j'ai de bons témoignages. Francia Bigio, mon plus tendre ami, dont vous vous êtes fait une arme pour m'induire en erreur, dira aux juges que vous avez rêvé, pour ne point vous dire que vous en avez menti. Le contrat sera déclaré nul. Il y a encore une justice à Florence.

— Tout cela ne fait rien à l'affaire. N'importe de quelles raisons je me sois servi pour vous engager à accepter un travail qui en définitive a tourné à votre avantage, vous n'étiez pas un enfant, vous avez signé en parfaite connaissance de cause, vous serez condamné.

— Et quand même je le serais, y a-t-il une loi sur la terre qui puisse m'obliger à faire un chef-d'œuvre ?

— Mais l'honneur ?

— J'ai déjà fait mes preuves, je montrerai ailleurs ce que je vaux.

— Et la conscience ?

— Il vous sied bien d'en parler, mon père !

— Enfin, bien ou mal, vous achèverez ces peintures, cela vous regarde.

— Je m'en irai à Rome ou à Venise plutôt que de donner un coup de pinceau sur le mur que voilà.

Et André del Sarto, dont la colère s'était peu à peu échauffée, fit un mouvement pour s'éloigner.

— Voyons, mon fils, dit le sacristain en courant après lui d'un air suppliant, que faut-il faire pour vous retenir ? Nous sommes pauvres comme les plus pauvres mendiants, mais il n'est pas de sacrifice qui nous coûte pour la gloire de notre saint protecteur. Si vous m'aviez refusé lorsqu'il était temps, j'aurais avisé à d'autres moyens; mais maintenant que la moitié de l'ouvrage est faite, je suis bien obligé de vous donner l'autre moitié. Mettez-vous dans le froc d'un pauvre sacristain. Toute la colère du couvent retomberait sur moi; et quand je devrais labourer la terre avec mes ongles, quand je devrais brûler des bouts d'étain pour bougie, je ne souffrirai jamais qu'on me reproche d'avoir manqué à mes devoirs. Allons, mon petit André, ajouta-t-il avec un soupir, vous touchez déjà pour chaque fresque dix ducats.

Ici frère Mariano fit une pause, comme s'il avait calculé mentalement combien de jours il fallait pour amasser, sou par sou, une somme si énorme.

André fit un nouveau pas vers la porte.

— Eh bien ! je prends sur moi, sur ma bourse, sur mes économies d'ajouter aux dix ducats que je vous ai payés bien exactement, vous me rendrez cette justice, la somme de cinq florins en argent.

— Impossible, laissez-moi m'en aller.

— Dix !

— J'irai à Naples.

— Vingt !

— J'irai en France.

— Oh ! vous me serrez mon cordon à la gorge, vous abusez de ma position. C'est mal, c'est très-mal.

— Écoutez-moi, frère Mariano, dit André en riant, je ne viens pas ici pour vous marchander mon ouvrage, comme s'il s'agissait d'un quartier de bœuf ou d'une aune de soierie; mais en vérité je ne puis plus m'endetter ainsi pour vous faire plaisir à vous et à saint Philippe Benizzi. Ce que je vous dis là n'est peut-être ni bien poétique ni bien orthodoxe; mais un peintre ne cesse pas d'être homme. Voilà six grands mois que je jeûne, comme vous ne l'aurez jamais fait de votre vie.

Regardez ma figure auprès de la vôtre. J'envie votre embonpoint et vos couleurs, et je me taillerais volontiers un pourpoint neuf dans le drap bien chaud et bien luisant de votre froc.

— Achevez. Grand Dieu ! dit le sacristain avec angoisse, je vois que vous avez soif de mon sang.

— Dieu m'en préserve ! Je ne suis pas encore altéré à ce point. Non, mon père, vous ne me donnerez que quarante-deux florins de plus.

— Aïe !

— Pour que je puisse au moins me couvrir de mes frais, et j'achèverai pour l'amour de Dieu ces malheureuses fresques. Si vous voulez, François Bigio m'aidera, et nous en sortirons plus vite à notre honneur. Seulement, je vous demande la permission de laisser un peu votre cloître se reposer. J'aurai le temps de bien préparer mes cartons et de faire des études. En attendant je travaillerai ailleurs.

Frère Mariano se récria sur tous les points ; mais comme il était à la merci de l'artiste, forcé lui fut d'accorder tout ce qu'on lui demanda.

André profita bientôt de la victoire, ou plutôt de la trêve qu'il avait pu obtenir. L'ouvrage ne lui manquait pas, Dieu merci, et tout le monde ne réglait pas ses prix sur l'avarice du sacristain des Servites.

Le premier travail important qu'il entreprit à cette époque fut la décoration du réfectoire de Saint-Salvi. André peignit dans la voûte saint Benoît, saint Giovanni Gualberto, saint Salvi et saint Bernard des Uberti, appartenant tous les quatre à l'ordre de Vallombrosa. Au milieu, dans un grand médaillon circulaire, il fit une seule figure à trois faces pour indiquer les trois personnes divines, manière un peu naïve de représenter la Divinité qui fut défendue dans la suite par une bulle expresse d'Urbain VIII.

Il n'avait pas fini son cénacle que Baccio d'Agnolo lui commanda de peindre à fresque une Annonciation sur un coin du Marché-Neuf. Vasari accuse André à ce sujet d'être descendu à de trop minutieux détails et d'avoir péché par excès de travail; mais le tableau est tellement endommagé par le temps qu'il en reste à peine quelque trace.

Baccio Barbadori, Lorenzo Borghini, et Leonardo del Giocondo ont possédé également des sujets religieux de la main d'André.

Carlo Ginori lui en demanda deux de grandeur moyenne, achetés par la suite par Octavien de Médicis et entièrement perdus aujourd'hui.

A la même époque, appartiennent les trois Annonciations qu'on conserve dans le palais Pitti, l'histoire de Joseph qu'il fit pour Zenobi Girolani, le petit tableau de la Vierge entre saint Jean Baptiste et saint Ambroise pour la confrérie della Neve, une Madone pour André Sansini, et la célèbre Sainte-Famille de Giovani Goddi, chef-d'œuvre de grâce et de coloris dont Vasari fait le plus grand éloge.

Mais le lecteur nous permettra d'interrompre le catalogue des nombreux tableaux de religion répandus en Italie et à l'étranger par

André del Sarto, pour raconter un événement qui eut la plus fatale influence sur la vie et le talent de notre artiste.

Un jour, comme André passait par hasard dans la rue de San Gallo, il vit sur le pas de sa porte une jeune femme d'une admirable beauté. A cette apparition inattendue, l'artiste s'arrêta net, ses genoux tremblèrent, son sang reflua vers son cœur, il sentit que quelque chose de froid lui pénétrait dans les os. C'était un de ces coups dont on meurt, qu'on peut éviter quelquefois, mais dont on ne guérit jamais. La belle Florentine, après avoir reposé long-temps sur le jeune homme ses grands yeux langoureux, changeant tout à coup d'expression, sourit dédaigneusement et rentra dans sa boutique.

André demeura comme frappé de la foudre. C'en était fait de lui, le soleil de son âme avait disparu avec le regard de cette femme; il venait de l'apercevoir à peine et il sentait déjà qu'il ne pouvait plus vivre sans elle.

L'amour rend généralement gauche et timide ; mais notre André avait peu à perdre de ce côté-là, car, ainsi que nous l'avons dit, il était modeste et craintif comme une jeune fille. Non-seulement il n'osa pas entrer dans le magasin, comme tout autre eût fait à sa place ; mais il s'empressa de quitter la rue, dont les pavés semblaient lui brûler la plante des pieds.

La nuit, lorsque la ville fut entièrement plongée dans le silence et dans les ténèbres, il vint errer comme une âme en peine devant cette maison, qui renfermait la destinée de sa vie, se promettant vingt fois que le lendemain il aurait plus de courage ; mais le lendemain, dès que le jour naissant vint éclairer sa pâleur, il s'enfuit comme un criminel surpris en flagrant délit.

Cependant ce regard, ce sourire qui avaient à jamais décidé de son sort, enfoncés dans sa poitrine comme deux flèches brûlantes, le suivaient partout sans repos ni trêve. Les pinceaux lui tombaient de la main s'il essayait de travailler ; le plaisir se tournait en poison s'il cherchait à se distraire.

Francia Bigio, inquiet de ce nouveau changement de son ami, lui adressa quelques questions qui restèrent sans réponse. Sansovino, dont les principes étaient moins sévères et la gaieté plus communicative, fit subir au pauvre André toutes les railleries imaginables sans pouvoir lui arracher un mot. Ce dernier, pour triompher de la mélancolie d'André, l'emmena à un souper de joyeux compagnons. On l'assaillit de toutes parts, on le pria mais son secret ne sortit pas de sa bouche.

Après dix ou douze jours d'hésitation et d'angoisses, André se décida enfin à prendre un parti. Il fallait lui parler ou mourir.

Poussé par cet instinct de conservation qui n'a jamais abandonné personne, pas même les amoureux, et transigeant en quelque sorte avec la peur, le pauvre peintre se hasarda de nouveau à traverser la rue San-Gallo en plein jour; mais à la seconde maison son courage s'évanouit, et il pensa tomber en défaillance.

Heureusement ou malheureusement pour

lui; si on considère les suites funestes de sa passion, une vieille femme d'une mine assez suspecte était assise devant la porte tout près de l'endroit où il avait failli se trouver mal.

— Qu'avez-vous donc? s'écria la vieille en joignant les mains, vous êtes pâle comme un revenant; entrez chez nous, mon jeune seigneur, vous allez boire un verre d'eau et vous reposer quelques instants.

— Merci, ma brave femme, lui dit André en acceptant l'offre de la vieille, car il sentait en effet que ses forces allaient lui manquer et qu'il lui eût été impossible de faire un pas de plus.

Dès qu'il fut remis André tira un florin de sa bourse, et, l'ayant glissé discrètement dans les mains de la vieille pour son empressement, il allait se lever; mais en jetant un coup d'œil sur la chambre dans laquelle il se trouvait, et sur la vieille femme qui se confondait en révérences, André devina à peu près à qui il avait à faire. Il vit dans ce secours imprévu que le ciel ou le diable avait mis sur sa route, le seul espoir de salut auquel il pût s'accrocher.

— De grâce, ma bonne mère, dit-il en se tournant vers la vieille et rougissant jusqu'au blanc des yeux, sauriez-vous me dire quelle est cette femme d'une si grande beauté qui demeure dans cette rue, en face et quatre ou cinq portes plus haut que votre maison?

— Je sais de qui vous voulez parler, répondit la vieille avec un sourire équivoque. Il n'y en a pas une autre, ni dans la rue, ni dans le quartier, ni dans la ville, ni dans le paradis du bon Dieu, qui soit plus belle, plus fraîche, plus avenante que ma voisine.

— Vous la connaissez donc? demanda André, dont le regard brilla tout à coup, vous savez son nom? qui est-elle?

— C'est madame Lucrezia del Fede, la femme du bonnetier Carlo Recanati.

— Mariée! dit le jeune peintre avec un cri de douleur.

— Si ce n'est que cela qui vous tourmente,

reprit l'affreuse vieille avec une expression sinistre, le pauvre cher homme n'en a pas pour long-temps, un souffle suffirait pour l'emporter; d'ailleurs, il est à la campagne.

— Et crois-tu que sa femme veuille prendre en pitié un malheureux qui l'adore, et qui ne saurait plus vivre sans respirer l'air qu'elle respire, sans se brûler au feu de ses regards, sans s'enivrer du son de ses douces paroles?

— Sans doute, si celui qui l'aime vous ressemble un peu, mon jeune seigneur!

— Va, cours, prends cette bourse, il y a une dizaine de ducats. Ce ne sont que les arrhes. Parle-lui de mon amour; et si tu reviens avec une bonne nouvelle... ah! ne me la donne pas trop vite... la joie me tuerait.

— Permettez que je vous baise les mains, mon prince.

— N'es-tu pas encore partie? Songe que tu me laisses entre la vie et la mort.

Le lendemain, lorsque André del Sarto

parut au cloître des Servites il était radieux. Il serra à plusieurs reprises Francia Bigio sur son cœur. Il parlait tout seul et tout haut en esquissant d'une main rapide les admirables groupes de la Naissance de la Vierge. Sa joie débordait par tous ses pores; ses discours avaient quelque chose de heurté, d'incohérent, ses yeux brillaient d'un éclat extraordinaire; puis de temps à autre il retombait comme dans une muette extase, et des larmes coulaient silencieusement sur ses joues.

La journée finie, il disparut pour quelques heures. Lorsqu'il rentra vers minuit, ce fut un nouveau redoublement de joie et de transports; il frappa les murs de sa chambre, il répétait toutes les chansons qu'il avait apprises dans son enfance. Aux questions que Francia lui adressait, il ne répondait que par ces mots :

— Je suis heureux! ah! mon ami, je suis heureux!

Francia Bigio respecta sa joie comme il avait autrefois respecté son chagrin, et il n'insista pas pour en savoir davantage.

— Cependant l'ouvrage avançait, quoiqu'à vrai dire André se permit de longues absences. Bientôt son secret n'en fut plus un pour personne. Mais les amoureux sont comme les enfants : dès qu'ils ont mis la main sur leurs yeux ils s'imaginent être parfaitement cachés, et, parce qu'ils ne voient pas les autres, ils croient que personne ne les voit.

— Comment trouves-tu ces petits enfants qui jettent des fleurs ? demandait-il à Francia Bigio qui peignait à côté de lui sa belle fresque du Mariage de la Vierge ?

Et Francia, sans lui demander d'où il venait si essoufflé, lui répondit simplement :

— Je les trouve charmants.

— Et les femmes qui préparent le berceau de l'enfant ? et les amies, et les commères qui s'en viennent visiter sainte Anne ? et ce petit garçon qui se chauffe auprès du brasier ? et le vieillard étendu sur son lit de repos ?

Francia ne tarissait pas en éloges; car, réellement, la composition d'André était magnifique, et jamais il n'avait déployé une telle grandeur de style, une telle grâce d'expression, une telle morbidesse de coloris.

Un jour il vint prendre Francia sur son échafaudage et le pria de monter sur le sien. Il fit placer son ami au point de vue convenable, et découvrit avec une grande émotion une figure de femme qu'il venait d'achever.

— Qu'en dis-tu? demanda André d'une voix tremblante.

— Très-bien, répondit Francia.

— N'est-ce pas qu'elle est belle?

— Elle est parfaitement dessinée.

— Et son front, ses yeux, son sourire?

— On ne peut plus gracieux; mais je te conseille de retoucher un peu ces draperies.

— Et non, mon ami, je ne te parle pas de ma figure, elle a beaucoup de défauts; mais dis-moi, Francia, si une femme réelle et vivante ressemblait à cette esquisse, ne la trouverais-tu pas digne de l'amour des anges ?

— Je ne vois dans une œuvre d'art que les qualités et les défauts de l'artiste. Je ne sais si ta figure est un portrait ou un rêve ; mais si c'est un portrait, avant de te donner mon avis sur l'original il faudrait le connaître.

— André ne répondit plus un mot, il était resté devant l'objet de son adoration muet et immobile comme un saint en prière. Il ne s'aperçut pas que Francia retournait à son travail en lui jetant un regard de pitié.

Une autre fois André montra à son camarade une Madone qu'il venait de terminer pour un noble Florentin. L'âme de l'artiste était passée tout entière dans le chef-d'œuvre.

— Tu n'as jamais rien fait de si parfait, dit Francia sèchement ; mais j'y trouve un grand défaut.

— Lequel ? demanda André avec étonnement.

— Pardieu ! tu ne vois donc pas que ta vierge est enceinte !

André se mordit les lèvres ; il allait répondre, mais Francia lui prit doucement les mains et l'entraînant près d'une croisée:

— Écoute, lui dit-il, je lis depuis longtemps dans ton cœur aussi clairement que si tu me répétais à haute voix ce qui s'y passe. Tu aimes et tu te crois aimé. Ne m'interromps pas, André, voici déjà vingt fois que tu me montres le portrait de cette femme, et tu crois que tes yeux, que tes paroles, que ton silence ne te trahissent pas ! Je ne sais si tu le fais exprès ou si ta main t'emporte malgré toi : mais cette femme est dans tous tes tableaux. C'est Lucrezia del Fede.

Je ne t'en aurais jamais parlé, si ta passion pour la bonnetière de la rue San Gallo n'était pas le sujet de toutes les conversations et la fable de tous les ateliers. Or tu ne connais pas Lucrezia. Laisse-moi dire jusqu'à la fin: tu ne la connais pas, cela est sûr. Elle est fille d'un père vicieux et perverti. Parle à qui tu voudras de Baccio del Fede. On te dira qu'il est un ivrogne, un joueur, bien pis que cela, un coupe-jarret, bien pis encore, il te vendrait sa fille et ses deux jeunes sœurs pour avoir de quoi payer une nuit de débauche. Tel père, telle fille. Parjure à son mari, crois-tu qu'elle te sera fidèle? Rentre en toi-même s'il en est encore temps. Cette femme sera le malheur de ta vie et la ruine de ton talent. Déjà tu sacrifies à tes penchants grossiers la beauté pure et idéale de l'art. Tu ne respectes plus ton pinceau. Les traits de ta maîtresse sont dans toutes tes madones, et tu as poussé le scandale et le sacrilège jusqu'à la faire paraître sur l'autel des églises et aux yeux des fidèles révoltés, avec des signes très-visibles et très-avancés de grossesse.

Ici Francia s'arrêta et regarda son ami avec une vive anxiété pour voir quel effet produisaient sur lui ses paroles.

— As-tu fini? demanda André d'une voix brève.

— Pourquoi cela?

— Adieu! — Et il s'élança vers la porte.

— Écoute-moi! où vas-tu?

— Si un autre m'avait tenu ce langage, il serait déjà étendu à mes pieds d'un coup de mon épée. Quant à toi, je n'ai qu'un mot à te répondre : celui qui me parle ainsi de la femme que j'aime n'est plus digne de me toucher la main comme ami.

— Malheur à toi! malheur à moi! malheur! malheur! dit Francia en sanglotant, et il cacha sa figure dans ses mains.

A dater de ce moment André del Sarto fut perdu pour ses amis, pour l'art, pour la famille.

Il recommença sa vie de travail immodéré et de bruyants plaisirs. Inquiet et fiévreux, agité sans cesse par la tourmente de sa passion, devenu le jouet d'une femme capricieuse, despote, insensible, évitant la conversation et les sages conseils de Francia avec la répugnance de l'enfant malade qui repousse la coupe amère, seul espoir de guérison, André courait chercher dans l'atelier de Contucci des distractions grossières ou folles avec Jean-François Rustici, Solomeo, Spillo, Baccelli

Robetta, orfèvre, Baccelli, chanteur et musicien, et Lippi, le plus grand rieur de l'époque.

— Cela se trouve à merveille, dit un jour Sansovino à Sauzullo, André a le vin morose et l'amour larmoyant. Il est gai comme une nuit de vendredi saint; nous allons l'engager dans la *Compagnie du Chaudron* et celle *de la Truelle*.

Or voici ce qu'étaient ces deux estimables Compagnies. Nous demandons la permission à nos lecteurs d'entrer dans quelques détails : c'est toute la vie des artistes au seizième siècle.

Cellini nous fait des récits pompeux de ce joyeux festin où il habilla en femme son élève Diego, et s'amusa des madrigaux et des baisers que lui adressait la *vertueuse brigade*. Vasari, le plus gourmé et le plus sérieux historien de l'art et des artistes d'Italie, ne croit pas déroger à sa gravité en expliquant avec la plus minutieuse prolixité l'organisation secrète de ces Compagnies, et en nous conservant jusqu'au menu des banquets solennels donnés tous les ans par les initiés.

La Société *du Chaudron* (*del Pajuolo*) dans les salons de Rustici, à deux pas de l'appartement occupé par André. C'était un original au premier chef que Rustici.

Sa chambre était remplie d'aigles privés, de corbeaux savants et de porcs-épics facétieux.

Le bourgeois qui avait affaire à messer Giovanni Francesco, avant d'arriver jusqu'à lui devait donc passer par une foule d'épreuves plus ou moins réjouissantes. Un grand aigle noir venait se poser sur son épaule et faisait craindre au malheureux le sort trop brillant de Ganymède. Le corbeau lui disait bonjour en trois ou quatre langues différentes, et le hérisson venait frotter à ses jambes familièrement bon nombre de petits dards aiguisés.

Après quoi le maître de la maison se levait gracieusement, prenait par la main ce visiteur et le menait dans une autre chambre bâtie en guise de vivier, où le pauvre homme se trouvait au milieu d'une multitude effrayante de serpents, de crapauds, de couleuvres qui venaient jouer autour de lui et s'entrelacer à son corps avec des nœuds et des replis à faire envie au groupe de Laocoon. Au reste le bourgeois en était quitte pour la peur, car tous les animaux de Rustici passaient pour être parfaitement élevés, et le maître avait une réputation de jongleur tant soit peu entachée de sorcellerie.

Les membres du *Chaudron* ne pouvaient être plus de douze. Un *provéditeur* était élu tous les ans pour ordonner les repas et présider aux fêtes.

Chaque membre était tenu de porter un plat de son invention, tous sous une forme bizarre et différente, pour servir au service de ces monstrueux pique-niques.

Si deux convives se rencontraient dans le même plat et dans la même forme, ils payaient amende aux grands applaudissements de la joyeuse Compagnie.

Voici la description exacte et historique du souper de réception d'André del Sarto :

La décoration de la salle à manger représentait un immense chaudron au fond duquel étaient assis en rond les convives. La table était au niveau de l'eau bouillante, et de temps à autre les mets se soulevaient par un mécanisme intérieur et venaient à la surface. Le manche du chaudron, qui touchait à la voûte, était formé d'un grand arc illuminé qui répandait sur la table des torrents de clarté. Une musique invisible et souterraine imitait par des symphonies étranges le grésillement des tisons et le bouillonnement de la chaudière.

A un signal de Giovanni Francesco, qui remplissait les fonctions de *provéditeur*, un arbre poussa tout à coup du fond de l'eau, portant sur chacune de ses branches les différents plats en guise de fruits.

A chaque service l'arbre plongeait et reparaissait tout à coup chargé de nouveaux mets et de nouvelles fleurs.

Le maître de la maison avait apporté ce soir-là, pour sa part, un grand pâté en forme de chaudière, dans laquelle Ulysse plongeait un père pour le rajeunir dans cette classique fontaine de Jouvence.

Quant au personnage chargé de jouer aux yeux, nous dirions à la bouche des convives le rôle du sage Ulysse, c'était tout bonnement un chapon.

Spillo présenta à la Compagnie un chaudronnier avec tous ses instruments pour étamer au besoin la chaudière.

Cet honnête ouvrier était une oie farcie d'olives.

Domenico Palizo habilla en servante une petite truie avec sa quenouille et son fuseau aux côtés.

Robetta apporta une tête de veau sous la forme d'une enclume.

Enfin André del Sarto (pour ne pas trop abuser de la patience du lecteur) voulut se distinguer comme artiste et comme gastronome.

Son plat représentait un temple octogone,

taillé exactement sur le patron de l'église
San Giovanni; mais élevé sur des colonnes. La
mosaïque du pavé était en gélatine, et les
magnifiques saucissons de Bologne imitaient
à s'y méprendre le porphyre des colonnes,
dont les chapiteaux et les bases étaient en
fromage de Parmesan. Des pâtes sucrées for-
maient la corniche, et la tribune se composait
de massepains.

Sur un lutrin de veau froid se prélassait un
missel en lasagnes poivrées de lettres et de
notes, devant lequel des pigeons et des bec-
figues, dans leurs surplis de graisse, chantaient
la basse et le soprano.

Un éclat de rire olympien et un tonnerre
d'applaudissements accueillit ce chef-d'œuvre
de cuisine et d'architecture. Ce fut le seul
ouvrage d'André depuis sa folle passion où il
n'eût pas cherché à introduire le portrait de sa
Lucrezia, et pour cause.

Au dessert on chanta des odes et on lut des
stances. André del Sarto, qui, comme tous les
artistes de son temps, se piquait de poésie,

chanta un petit poème héroï-comique, imité d'Homère, sur la bataille des rats et des grenouilles.

Ceux qui seraient curieux de juger par eux-mêmes du talent poétique de notre artiste trouveront ses vers dans les notices sur la Vie d'André del Sarto, publiées par Luigi Biadi.

Voici maintenant l'origine de la Société *de la Truelle*, qui a plusieurs rapports avec celle *du Chaudron* :

Un bossu, nommé Jeo d'Agnolo, spirituel et farceur comme tous les bossus, soupait dans son jardin de Campanie avec ser Bastiano Saginalti, ser Raphaelo del Beccajo, ser Cocchino, Girolamo del Giocondo et Baya, tous plus ou moins mauvais plaisants et mauvais sujets comme lui.

Au moment où l'on servait la *ricotta*, espèce de fromage italien qui tient le milieu entre le fromage à la crème et le neufchâtel, Baya avisa dans un coin un morceau de mortier, et tandis que le bossu, les yeux fermés, la bouche toute grande ouverte, attendait avec une volupté de gourmand une cuillerée de *ricotta*, on lui ferma la bouche avec une grande truellée de plâtre et de chaux.

Là-dessus les rires et les trépignements de la Société ne connurent plus de frein, on criait à tue-tête la *truelle ! la truelle !*

Le bossu se tordait par terre comme un possédé, et lorsque tous ces cerveaux fêlés furent un peu remis de leur gaieté, mais non de leur ivresse, ils fondèrent la Compagnie de la Cazzuola, et en rédigèrent gravement les statuts.

Ceci se passait en 1512. En peu d'années la Société prit un développement merveilleux et étonna Florence par la richesse de ses costumes, le goût de ses fêtes et l'éclat de ses spectacles.

Les gentilshommes les plus puissants, les artistes les plus en renom se montrèrent jaloux de l'honneur d'en faire partie. Les règlements de la Société n'admettaient que vingt-quatre membres.

La Compagnie était placée directement sous le patronage de saint Jean-Baptiste, ce qui n'empêchait pas la mythologie de jouer le premier rôle dans les fêtes qu'on y donnait, et les comédies de l'Arioste, de Machiavel, de Bibiéna (les plus obscènes compositions du siècle) d'obtenir un éclatant succès.

Il est vrai qu'on les jouait aussi au Vatican devant les papes et les cardinaux et que personne ne songeait à s'en formaliser.

Nous ne suivrons pas Vasari dans le compte-rendu de ces gigantesques bombances. Ceux de nos lecteurs qui y trouveraient plaisir n'auront qu'à consulter la Vie de Francesco Rustici.

C'étaient des mascarades d'une extravagance à dépasser les rêves de l'imagination la plus effrénée, des repas titaniques, des jeux, des surprises imités en partie des épreuves des francs-maçons.

Il n'y avait pas de festins sans pantomime, point de réunion sans mystère. Tantôt c'était Cérès à la recherche de sa chère Proserpine, et tous ceux qui voulaient suivre la *déesse du pain*, pour ne pas mourir d'inanition, étaient obligés de passer dans la gueule d'un affreux dragon dont les dents affilées et tranchantes comme une hache menaçaient de se fermer sur le cou des convives.

Tantôt c'était un hôpital avec sa double rangée de lits, ses gardiens, ses médecins, ses malades, et les compagnons de la truelle affublés des plus sales guenilles et vomissant de leur bouche avinée tous les blasphèmes, les imprécations, les injures qui aient jamais embelli l'argot des proxénètes et des voleurs, jusqu'à ce que saint André en personne vînt les délivrer de leur hideux séjour pour les mener dans une salle somptueusement éclairée.

C'était une chambre pavée d'ossements humains, aux murs suintant le sang, au plafond lambrissé de têtes fraîchement coupées.

Au milieu de la chambre on voyait sur un lit de plume Mars et Vénus ayant pour tout vêtement le filet de Vulcain.

C'était enfin le diable servant à ses hôtes dans un souper infernal tout ce que la nature ou l'imagination des hommes ont créé d'animaux et de monstres les plus dégoûtants et les plus difformes : monstres et animaux s'évanouissaient en fumée au moindre signe de Pluton et laissaient à leur place les fruits les plus exquis et les mets les plus délicats.

Dans cette atmosphère de corruption et de débauche, le peu de caractère qu'avait encore André del Sarto s'usa complétement.

Un nouveau malheur vint fondre sur lui et acheva sa perte.

Le mari de la Lucrezia mourut presque subitement, précipité peut-être au tombeau par l'inconduite de sa femme.

André, sans consulter aucun de ses amis, épousa publiquement son indigne maîtresse, et reçut chez lui son père et ses sœurs. La ville entière s'émut à ce scandale ; tous ses amis et ses élèves (à l'exception de Francia, dont l'affection était inaltérable) l'abandon-

nèrent à son sort. Ses pauvres vieux parents
en moururent de misère et de douleur.

Accablé par le mépris général, triste, isolé
de tous, dominé par cette femme indigne, le
pauvre André travaillait beaucoup plus que
ses forces ne le lui permettaient. Il s'épuisait
nuit et jour pour jeter dans cet éternel abîme
de l'or à pleines mains, sans jamais pouvoir
le combler. Pour surcroît de honte, le portrait prosaïque et vulgaire de cette femme
venait s'imposer comme un stigmate indélé-
bile dans toutes ses fresques et dans tous ses
tableaux.

La célèbre tête du *Christ*, la *Madona di
San Francesco*, les trois Sainte Famille qu'on
peut admirer dans la collection du roi de
Bavière, et que les connaisseurs préfèrent de
beaucoup à celle du Belvédère à Vienne, du
palais Schiarra, du palais Borghèse et du
palais Colonna, datent de la même époque,
c'est-à-dire de l'année 1515. Le seul défaut
qu'on pourrait reprocher à ces peintures,
c'est le manque de grandeur et l'impuissance

de plus en plus marquée de s'élever à l'idéalisme de l'art.

Vers le même temps il acheva son Adoration des mages dans le cloître des Servites et reprit les peintures de la confrérie dello Scalzo.

Il fut chargé de la décoration de je ne sais plus quel char de triomphe qui devait paraître dans la procession de saint Jean, et jeta plusieurs histoires en grisaille sur une façade en bois élevée par Sansovino devant l'église Santa Maria del Fiore à l'occasion des fêtes qu'on célébra à Florence pour recevoir Léon X.

Il multiplia les tableaux, les portraits, les miniatures, et descendit jusqu'à colorier les meubles de François Borgherini... Mais, malgré ce travail opiniâtre et multiplié, la misère et le désespoir décrivaient autour de lui des cercles de plus en plus serrés, et l'enlaçaient dans des nœuds inextricables.

Le dernier ouvrage qu'il fit avant de s'expatrier fut un portrait de Baccio Bandinelli. Ce portrait n'était, à vrai dire, qu'un prétexte. Baccio, connaissant la pauvreté d'André, l'avait fait venir chez lui pour lui acheter le secret de ses procédés dans la peinture à l'huile. Mais, malgré les traces profondes que l'avilissement et le chagrin avaient laissées sur le front abattu de l'artiste, il y avait encore chez lui tant de noblesse et de résignation, que l'impudent Bandinelli, n'osant lui marchander son secret, préféra le lui voler.

Au premier coup de pinceau André devina son projet, il sourit amèrement, et se mit à confondre et mêler les couleurs avec une telle précipitation, que le portrait fut fini avant que Baccio eût pu rien comprendre au procédé de l'artiste.

Quelques tableaux envoyés en France avaient appris le nom d'André del Sarto à François Ier, ce noble souverain, qu'on a surnommé le roi-chevalier, et qu'on eût pu surnommer avec autant de justesse l'artiste-roi.

En 1518, au moment de sa plus grande détresse, André fut appelé par François I*er* à la cour de France. Il débuta par le portrait du dauphin, et ce seul ouvrage lui fut payé 300 écus; c'est-à-dire six fois autant que ses cinq premières fresques du cloître des Servites.

La protection du roi, l'intérêt que lui témoignèrent dès son arrivée Louis d'Angoulême et le connétable de Montmorency, l'admiration unanime excitée par ses tableaux relevèrent son courage abattu et rafraîchirent cette pauvre imagination, épuisée et malade, d'une rosée bienfaisante.

De tous les tableaux exécutés par notre peintre à cette époque, on n'en voit que trois au musée du Louvre: la *Charité* et deux *Sainte Famille* qui diffèrent entre elles par la composition et la disposition des personnages.

Le nom d'André del Sarto était déjà illustre en France, cette patrie adoptive de tous les grands artistes; sa fortune s'élevait sur des bases larges et solides, il était en train d'achever un Saint Jérôme pour la reine-mère, et il avait envoyé déjà à Florence assez d'argent à sa femme pour bâtir une maison derrière l'Annunciade, lorsque Lucrezia del Fede, son mauvais génie, dont l'image l'avait poursuivi sans cesse, lui écrivit une lettre fatale dans laquelle elle lui donnait à entendre que, s'il ne revenait pas à la hâte, ne pouvant supporter son absence, elle se jetait dans l'Arno.

Ce fut un coup de foudre pour André. Il se présenta au roi et lui demanda en balbutiant la permission de faire une course à Florence.

François Ier, toujours grand, toujours bon, toujours noble, non-seulement accorda le congé demandé; mais il confia à l'artiste une forte somme pour acheter des tableaux et des statues, pour engager de jeunes peintres à son service, pour encourager des artistes malheureux, pour remplir enfin la plus belle mission que jamais monarque ait donnée à un artiste.

Hélas! nous n'ajouterons plus qu'un mot qui brûle notre plume : — André garda l'argent et ne revint plus en France!

Après cet ignoble abus de confiance, la vie d'André ne fut plus qu'une longue suite de honte et de remords.

Nous glisserons rapidement sur ses dernières années, quoiqu'elles ne soient pas moins importantes pour l'histoire de l'art; mais le cœur nous manque pour assister au douloureux spectacle d'une nature avilie à ce point.

*

De retour à Florence, il se cacha dans le couvent de l'Annonciation; et en échange de l'asile qui lui était offert il peignit dans le jardin la parabole du *Maître de la vigne*, un Christ qu'on dirait dessiné par Michel-Ange, et une Déposition de croix dont les différents personnages respirent une mélancolie touchante.

Dans les sept années suivantes il termina ses peintures de la confrérie dello Scalzo, exécuta beaucoup de fresques, parmi les-

quelles il faut citer la Madone de la porte
Pinti, respectée par la soldatesque pendant
le siége de 1529, et fut chargé de la décoration du palais Poggio a Cajano en compagnie de Francia Bogio et de Pontormo.

En 1525, André copia un tableau de
Raphaël, le portrait de Léon X, avec une fidélité tellement surprenante, que Jules Romain
lui-même, qui avait travaillé à l'original, ne
voulut pas croire que ce fût une copie.

Cette copie, si célèbre par le récit de Vasari,
à en croire les trois quarts des biographes
se trouverait à Naples. Tout récemment encore il s'est engagé à ce sujet entre les savants
napolitains et florentins une polémique si
vive et si terrible, pour savoir lequel des
deux tableaux était de Raphaël, lequel
d'André del Sarto, que nous ne n'oserions pas
intervenir dans ce nouveau jugement de
Salomon.

Le chef-d'œuvre si célèbre sous le nom de
Madona del Sacco, achevé vers la même
époque, est le digne pendant de son tableau

à l'huile la *Madona de San Francesco*, ce sont les deux merveilles du genre.

Il fit aussi, pour le même couvent de *San Salvi* dont nous avons parlé plus haut, une Cène digne, sous tous les points, de l'effet irrésistible qu'elle produisit sur les Florentins en 1529.

On avait abattu tous les édifices environnants avec une partie de l'église et du cloître pour empêcher que l'armée assiégeante ne s'en fît un rempart, lorsque les démolisseurs arrivés tout à coup devant le chef-d'œuvre s'arrêtèrent tous muets et immobiles d'admiration, *comme si une puissance invisible avait paralysé leurs bras et leurs langues*. Ce sont les expressions de l'historien Varechi.

Mais la guerre et la peste, ces deux terribles fléaux de Dieu, s'étaient déchaînés sur Florence. André partagea les malheurs de sa patrie. Un de ses derniers ouvrages fut le magnifique *Sacrifice d'Abraham*, par lequel le pauvre artiste espérait se réconcilier avec François Ier, et obtenir sa réhabilitation aux yeux du monde.

En 1529, Octavien de Médicis lui demanda une Sainte Famille. André exprima dans ce tableau tout ce qui restait dans son âme de tendres sentiments et de grâce poétique.

Quelque temps après, le grand conseil, ayant condamné trois déserteurs à être pendus en effigie, trouva tout naturel de transformer André del Sarto en bourreau. André accepta en silence cette dernière expiation.

Enfin, l'an 1530, frappé de l'épidémie qui désola Florence, au moment où la liberté de sa patrie rendait le dernier soupir, André del Sarto, lâchement abandonné par sa femme, isolé de tous (Francia Bigio, son fidèle ami, et Puligo, son élève bien-aimé, étaient déjà morts), pauvre, déshonoré et maudit, il expira à l'âge de quarante-deux ans sur son lit de douleur.

La confrérie de Saint-Jean-Baptiste l'enterra modestement par charité.

Dominique Conti, un des élèves d'André, peintre très-médiocre, qui avait hérité des dessins et des cartons de son maître et qui se les fit voler assez sottement, lui éleva dans l'église des Servi un petit monument consistant dans le portrait du peintre, scellé dans un pilier, et dans quelques mots latins composés par Pierre Vettori.

Mais des bourgeois susceptibles, fâchés qu'on eût osé mettre un tableau dans leur église sans leur en demander la permission, firent jeter à bas l'inscription et le portrait.

Ceci nous prouve — ajoute Vasari en terminant la Vie d'André del Sarto par cette belle et consolante moralité — ceci nous prouve que la *destinée*, non contente d'avoir influé sur notre vie, nous poursuit jusqu'au delà du tombeau.

JACQUES DE PONTORMO.

Le Pontormo eut pour maîtres Léonard de Vinci, Pierre de Cosimo, et Mariotto Albertinelli. Il travaillait dans l'atelier de celui-ci; et Jacques de Pontormo n'avait point encore atteint sa vingtième année, lorsque Raphaël, alors à l'apogée de sa gloire (c'était en 1512), prédit que l'auteur serait un peintre de premier ordre. Ce fut vers cette époque qu'il peignit au-dessus du portique extérieur de l'église de l'Annonciation les deux figures représentant la Foi et la Charité qui firent dire à Vasari, peu louangeur de cette sorte de peinture, que c'était la plus belle œuvre de ce genre qu'on eût vue jusqu'alors ; et à Michel-Ange, que si Dieu prêtait vie à ce jeune homme il élèverait son art jusqu'au ciel.

En effet, rien de plus beau, de plus pur et de plus suave que la peinture de Jacques de Pontormo jusqu'au moment où, Michel-Ange ayant été chargé par le marquis del Vasto de dessiner le Christ apparaissant à la Madeleine, celui-ci eut l'idée de faire mettre en couleur par Jacques le dessin de Michel-Ange.

Cette combinaison valut aux deux artistes de telles louanges qu'elles perdirent naturellement le plus faible des deux ; Pontormo voulut faire du Michel-Ange à lui tout seul, et sans arriver à être Michel-Ange il cessa d'être Pontormo.

Joseph présentant son père et ses frères à Pharaon, tableau sur bois, est un tableau du meilleur temps de Pontormo, c'est-à-dire de 1523. Pontormo avait alors trente ans.

Salvi Borgherini, gentilhomme florentin,

à l'occasion du mariage de son fils Pierre François avec Marguerite Acciaiuoli, avait fait faire à Baccio d'Agnolo un ameublement complet de chambre à coucher en bois sculpté avec dossiers, bahuts, fauteuils et lit de noces; et pour que les peintures, qui devaient l'orner, correspondissent à l'excellence de la sculpture, il avait appelé concurremment, en leur demandant à chacun un épisode de la vie de Joseph, André del Sarto, Jacques de Pontormo, Granacci et Bachiacca. Mais, quelque temps après l'achèvement de ces petits chefs-d'œuvre, vint le siége de Florence, et avec lui la ruine de la plus grande partie des choses d'art que renfermait la splendide cité républicaine. La ville prise, il s'éleva de son sein même des hommes qui disposèrent en vainqueurs des richesses de leurs concitoyens; qui se précipitèrent dans les palais abandonnés, et enlevèrent comme un butin personnel les meubles magnifiques, les riches tableaux, les statues précieuses. Une troupe de ces pillards, conduite par Jean-Baptiste de la Palla, s'élança vers la maison de Salvi Borgherini. Mais cette même

Marguerite Acciaiuoli, pour laquelle les bijoux de la renaissance, que nous avons signalés, avaient été faits, les attendit de pied ferme, et les apostropha d'une harangue à la fois si hautaine, si patriotique et si méprisante, que, pareils à ces assassins qui reculèrent devant la majesté de Coligny, ces misérables reculèrent devant la dignité de cette femme.

Pour cette fois, les merveilles d'André del Sarto, de Jacques de Pontormo, e Granacci et de Bachiacca furent sauvées.

Mais, depuis, une partie de ces précieuses compositions fut dispersée et perdue; on retrouva deux morceaux de la main de Bachiacca dans la maison de la *signora Luisa Nerli* de Sienne, la galerie Pitti de son côté fit la gracieuse acquisition des peintures d'André del Sarto, enfin la GALERIE DES OFFICES parvint à se procurer la tablette sur laquelle Jacques de Pontormo avait peint Joseph conduit en prison pour son prétendu outrage à la femme de Putiphar.

JEAN-ANTOINE SOGLIANI.

Sogliani fut vingt-quatre ans, je ne dirai pas l'écolier, mais l'imitateur de Laurent de Credi, et passa à l'école de frère Bartholomée; c'est-à-dire qu'il étudia sous les deux peintres les plus religieux de l'époque, et que, comme son génie n'était pas assez indépendant pour marcher seul, à sa manière et de ses propres ailes, il nous laissa des tableaux qui semblent des compositions un peu faibles tantôt de l'un, tantôt de l'autre de ces deux peintres.

Et cependant il y a un charme tout particulier dans les tableaux de Sogliani : ses Madones sont de chastes femmes, ses *bambini* sont de divins enfants; puis il y a dans les plis de ses vêtements une élégance modeste et douce qui rappelle les deux peintres idéalistes que Sogliani avait pris pour modèles.

Quant au coloris, il est vif et doux à la fois, plein de nuances charmantes qui parcourent, si l'on peut le dire, toute la gamme de la peinture, et qui font de ce tableau, sinon un grand tableau d'église, du moins un ravissant tableau d'oratoire.

Outre ses tableaux Sogliani a laissé un grand nombre de fresques à Florence et à Pise.

FRÈRE PHILIPPE LIPPI.

Quoique contemporain de Béato Angélico, frère Philippe Lippi forme avec son pieux confrère un parfait contraste, et comme homme et comme artiste : c'est que frère Philippe Lippi avait le monde dans le cœur ; aussi fuyait-il de son couvent au moment où frère Angélique revenait mourir dans le sien.

La vie de frère Philippe Lippi est une vie de chercheur d'aventures, et non pas de moine pèlerin. La misère avait revêtu l'enfant d'un froc ; l'amour fit prendre au jeune homme l'habit d'un beau cavalier. A partir de l'âge de 17 ans, frère Philippe courut le monde, peignant indifféremment les chapelles et les boudoirs, courant les courtisanes et enlevant les religieuses : aussi, tandis que le bienheureux Ange de Fiésole penchait si doucement sa tête en mourant, que ceux qui veillaient près de son lit faisaient silence craignant de le réveiller, Philippe Lippi, empoisonné par quelque frère insulté ou quelque mari jaloux, se tordait sur son lit de mort en blasphémant ses profanes amours, et ne pensant à Dieu que pour se souvenir qu'il l'avait oublié.

Avec toutes ces passions on peut être un grand peintre, mais on n'est point un peintre religieux : aussi aucune des productions de frère Philippe Lippi ne respire la douce candeur du Pérugin, ni la foi ardente de Béato Angélico.

Saint Augustin écrivant (tableau sur bois) est une des mieux réussies. Saint Augustin écrit — ses Confessions sans doute, — ou plutôt il pense avant d'écrire, sa main est suspendue, et attend quelqu'une de ces profondes pensées qui ont fait de l'évêque d'Hippone non-seulement un grand écrivain, mais encore un grand poète; et peut-être la phrase qu'il cherche est-elle celle-ci : — *Patiens quia æternus* — Dieu est patient parce qu'il est éternel.

C'est une seule figure, assise dans sa majestueuse simplicité, vêtue d'une robe et d'un manteau à plis simples et larges, d'aspect un peu dur peut-être; mais ce défaut était, comme on le sait, celui de l'époque, puisque le tableau fut exécuté, selon toutes les probabilités, vers le commencement du quinzième siècle.

A terre sont des fragments de manuscrits déchirés.

Cette précieuse peinture a appartenu d'abord à la famille Vecchietti, ensuite au peintre Ignace Hugfort; enfin la GALERIE DES OFFICES l'a achetée en 1779.

La Madone, l'enfant Jésus et les anges, second tableau de frère Philippe Lippi, vient confirmer ce que nous avons dit à propos du premier : c'est que l'aventureux carmélite était un peintre tout naturaliste, c'est-à-dire un homme d'exécution et non un artiste de sentiment.

En effet, que l'on enlève l'auréole du divin Bambino, que l'on détache les ailerons de l'ange, l'on aura une femme comme toutes les femmes, qui jouera avec deux enfants, et non une Vierge sainte en prières devant le Sauveur des hommes et devant l'envoyé de Dieu ; car une fois privés des attributs matériels de leur origine céleste, on chercherait vainement dans ceux-ci le cachet de la divinité.

Opposez à cela une composition du Pérugin, de Jean de Fiésole, d'Orgagna, de Giotto, ou même de Cimabué, et vous aurez, au lieu de cet enfant Jésus qui tend les mains vers le sein qui doit le nourrir, un Christ au berceau, qui tendra les bras vers les douleurs qu'il doit calmer ; vous aurez, au lieu de ces chérubins riants à la manière des enfants des hommes, et auxquels les traditions grecques ont déjà rogné les ailes à la taille de celles des Amours, vous aurez, dis-je, de beaux anges graves et religieux, aux longues ailes, moitié aigles, moitié colombes, et toujours prêtes à s'ouvrir sur un signe de Dieu pour franchir l'espace d'un pôle à l'autre, pour se précipiter sur la terre, ou pour s'élancer au ciel. Ceux-là ce sont les vrais messagers du Seigneur, qui doivent, en partant de sa droite, arriver à temps pour arrêter le glaive d'Abraham levé sur la tête de son fils.

Il est vrai que ce que frère Philippe Lippi perd comme sentiment religieux, il le gagne comme exécution matérielle : le dessin de ses figures est admirable, le clair-obscur savant, et ses personnages sont groupés d'une façon à la fois gracieuse et pittoresque.

Les mains de la femme sont surtout irréprochables, et annoncent le précurseur de Raphaël.

FRANÇOIS MIÉRIS.

La Galerie de Florence est une des plus riches en tableaux de ce maître, car elle en possède neuf.

En effet le grand-duc de Toscane se trouvait en Hollande à l'époque de la réputation de Miéris, c'est-à-dire vers 1672 : cette réputation était telle, qu'on lui payait ses tableaux un ducat l'heure; le grand-duc offrit trois mille florins de sa Femme évanouie, et ne put l'obtenir. Mais il ne se découragea point pour cela : il lui commanda, à la place de celui qu'il ne pouvait avoir, un tableau dont l'ébauche l'avait frappé; et, ce tableau fini, il le paya mille rixdalers, en lui en commandant trois autres.

L'un de ces trois tableaux représente deux vieux Hollandais qui mangent : composition simple, comme toutes les compositions de Miéris, et dont le mérite est dans une couleur charmante, dans des détails exquis, et dans des expressions de physionomie parfaites ; ainsi rien de plus vrai que le sentiment peint sur le visage de l'homme qui, sans parler et par son seul regard, demande à la femme qui boit, s'il lui a bien coupé assez de pain comme cela.

Les tableaux de Miéris sont d'autant plus précieux, que ce peintre mourut jeune, usé qu'il était par les débauches nocturnes qu'il faisait avec son confrère et ami Jean Steen. Un soir que les deux compagnons se quittaient, ivres tous deux, Miéris tomba dans un égout que des maçons avaient laissé ouvert; et il y serait mort suffoqué, si un savetier et sa femme, qui demeuraient dans le voisinage, n'eussent entendu ses plaintes, et ne fussent venus à son secours. On tira Miéris de son cloaque, on le lava, on lui donna un coup de vin, et on le mit dans le seul lit de la maison, où il passa la nuit tandis que ses hôtes dormaient sur une chaise: le lendemain, avant qu'ils ne fussent réveillés, Miéris, reposé par la bonne nuit qu'il avait passée, se leva, s'habilla et sortit; de sorte que quand les braves gens vinrent pour prendre des nouvelles de la santé de leur hôte, ils ne le trouvèrent plus.

Un mois se passa sans que Miéris donnât de ses nouvelles à ceux qui lui avaient cependant rendu un si grand service; mais un soir, comme le savetier et sa femme allaient se coucher, ils virent entrer le même homme, lequel tenait à la main un petit tableau.

— Tenez, braves gens, leur dit cet homme, prenez cette peinture en mémoire d'un individu à qui vous avez rendu un grand service que vous avez sans doute déjà oublié, mais dont lui se souviendra toujours; et si jamais vous voulez vous en défaire portez-le à

M. Paate, qui vous en donnera un bon prix.

Et à ces mots, sans attendre leurs remerciments, il prit le chemin de la porte et disparut.

Le savetier porta le lendemain ce tableau au bourgmestre Jacques Maas, qui reconnut que c'était un Miéris, et qui, au grand étonnement du brave homme, l'invita à ne point donner le petit morceau de toile peinte à moins de huit cents florins.

Ce fut effectivement la somme qui fut comptée au savetier en échange du cadeau que lui avait fait son hôte.

Aujourd'hui les tableaux de Miéris n'ont pas de prix.

GUÉRARD BERCK-HEYDEN.

Guérard Berck-Heyden est né à Harlem, la patrie de Wouwermans au cheval blanc, de Van-Ostade et de Berghem. Il avait un frère aîné, que l'on nommait Job, et qui, déterminé lui-même par une vocation irrésistible, entraîna après lui celle de son frère.

Job était relieur : mais au lieu de s'occuper des livres qu'on lui donnait à mettre à neuf, il en copiait les gravures, et cela si exactement, que son patron finit par donner aux parents du jeune homme le conseil de le faire passer de son magasin dans un atelier. Arrivé bientôt à une certaine force, Job prit son jeune frère près de lui.

On était alors à la moitié du dix-septième siècle à peu près : c'était l'époque des croyances superstitieuses; les songes étaient surtout regardés comme une prédiction de l'avenir. A dix ou douze années de distance l'une de l'autre, Job en eut deux qui eurent une grande influence sur sa vie et sur celle de son frère.

Job rêva d'abord que pendant une nuit il lui poussait des ailes comme aux anges, et qu'à l'aide de ses ailes il abandonnait la terre et s'en allait toucher du doigt à la coupole du ciel. Comme Job n'avait pas sous sa main, ainsi que les Pharaons d'Égypte, un esclave hébreu, il chargea son amour-propre d'être l'interprète de la révélation divine; et son amour-propre lui expliqua, clair comme le jour, qu'il était destiné à s'élever, sur les ailes de l'art, au-dessus de tous ses rivaux, et à aller toucher le but de perfection que nul avant lui n'avait eu le bonheur d'atteindre.

En conséquence, il se mit au travail ave une ardeur nouvelle : et le rêve eut cela de bon, que, si Job ne dépassa pas ses confrères, au moins prit-il rang parmi les peintres distingués de son époque.

Pendant ce temps Guérard grandissait de son côté à l'ombre de la réputation fraternelle : il travaillait presque toujours dans le même atelier que son aîné, et souvent au même tableau ; de sorte que, sans avoir rien rêvé, Guérard se trouva un beau matin aussi grand peintre que Job. Alors les deux frères se mirent en route de compagnie pour aller chercher aventures et fortune. C'était Job qui produisait Guérard ; Job, poussé par son rêve, ne doutait plus de rien, et la terre même lui semblait bien étroite pour renfermer sa gloire à venir.

Mais un rêve fit crouler tout ce bel échafaudage de grandeur qu'un rêve avait bâti : à Cologne, Job songea qu'en traversant une forêt il restait suspendu aux branches d'un arbre. Cette fois ce ne fut plus l'orgueil qui parla, ce fut l'humilité ; et l'humilité lui dit tout bas qu'il serait arrêté au milieu de sa carrière par quelque désastre qui l'empêcherait d'aller plus loin. Dès ce jour une timidité étrange s'empara du pauvre Job; et ce fut Guérard qui prit les rênes du gouvernement fraternel, tenues jusqu'alors par son aîné: aussi faible qu'il avait été confiant, Job suivit à son tour son frère à la remorque; et Guérard le conduisit ainsi à Coblentz, à Mayence, à Manheim et à Heidelberg. Arrivés là, quelques instances que Guérard fit à son frère, celui-ci refusa toujours de se produire à la cour de l'électeur palatin, qu'ils étaient cependant venus chercher: ils restèrent donc confondus dans la foule, au lieu de se faire présenter comme c'était leur intention. Cependant presque tous les jours les deux frères se trouvaient sur le passage de l'électeur; le plus souvent c'était lorsqu'il partait pour la chasse: car l'électeur était comme Nemrod, un grand chasseur devant Dieu, aimant passionnément les chevaux, les chiens et les faucons, trois choses fort pittoresques, et qui font admirablement dans les tableaux. Aussi, à leur retour dans l'atelier, les deux frères esquissaient-ils, chacun de son côté, force sujets de chasse, comme le Lancer, le Rembûcher, et l'Hallali. Si bien qu'un jour Job et Guérard, après avoir fait une esquisse unique de toutes leurs esquisses séparées, se mirent de leur mieux à couvrir une toile, plaçant au premier plan l'électeur et les seigneurs de sa suite, tous si ressemblants qu'il n'y avait point à s'y tromper. Le tableau fini, il se trouva que c'était un des meilleurs qu'ils eussent jamais faits.

Alors Job, toujours réconforté par Guérard, reprit quelque courage : il fut décidé, non pas qu'on offrirait le tableau à l'électeur, car Job était devenu trop craintif pour permettre à son frère une pareille hardiesse, mais qu'on placerait le susdit tableau sur la route du prince, afin qu'il pût le voir en passant. Le jour où ce plan fut exécuté, Job se sauva de la ville, et se cacha dans un petit village, afin d'être plus à même de gagner les champs, si, selon les prévisions sinistres qui ne l'abandonnaient plus, les choses tournaient mal.

Tout alla pour le mieux : le prince en passant se reconnut ; les seigneurs qui l'accompagnaient se reconnurent : le prince s'arrêta ; les seigneurs s'arrêtèrent : le prince dit que le tableau était fort beau ; les seigneurs crièrent qu'il était admirable. On demanda l'auteur, qui, entendant le grand bruit qui se faisait, commençait à croire qu'il se pouvait bien faire que Job eût raison, et qui se consultait pour savoir s'il devait attendre ou se sauver. Heureusement il n'eut pas le temps d'accomplir ce dernier projet : on lui mit la main dessus et on l'amena devant l'électeur, qui lui fit force compliments. Alors le bon Guérard déclara que le tableau n'était pas de lui seul, et que son frère Job en avait fait la meilleure partie. Guérard mentait, car, depuis son rêve, Job ne peignait plus qu'en tâtonnant et recommençait dix fois la même chose. Mais, qu'il le crût ou non, l'électeur apprécia la loyauté de l'artiste, et donna rendez-vous pour le lendemain à lui et à son frère.

Le lendemain venu, Guérard traîna Job chez le prince. Job était convaincu qu'il y avait dans ce rendez-vous quelque traîtresse surprise, dont il serait victime ; mais il se rassura en entendant les éloges de l'électeur et les flatteries des courtisans.

Le même soir, le trésorier du prince alla porter au logement des deux frères une somme considérable et deux médailles d'or. Comme on le voit, les choses allaient tout au contraire de ce qu'avait craint le pessimiste Job.

Le lendemain, nouvelle faveur : les deux frères reçurent avis qu'ils avaient leur logement au palais. Job commençait à oublier ses idées sinistres, et à croire à un avenir plus riant.

Le surlendemain, le grand-veneur vint annoncer aux deux frères qu'ils étaient invités aux chasses de l'électeur, et qu'ils pouvaient à chaque fois qu'elles auraient lieu prendre parmi les équipages les chevaux qui leur conviendraient.

A cette nouvelle Guérard, qui aimait fort tous ces plaisirs aristocratiques, bondit de joie, mais Job, au contraire, pâlit et manqua s'évanouir. Son rêve lui était revenu à la mémoire; et cette invitation de chasse lui paraissait devoir amener tout naturellement le moment où il resterait pendu par les cheveux ; il en résulta que Guérard alla seul à la chasse, tandis que Job resta tristement dans son atelier.

Le premier jour l'électeur ne fit point attention à son absence; le second jour il la remarqua; le troisième jour il s'en plaignit.

Mais si obligeantes que fussent ces remarques et ces plaintes, elles ne purent déterminer Job à s'aventurer dans une forêt. Les seigneurs, jaloux de la faveur à laquelle étaient arrivés les deux peintres étrangers, présentèrent les refus de Job sous un faux aspect; l'électeur attribua à l'orgueil ce crime de lèse-principat, qui n'avait pour cause, au contraire, qu'un excès de timidité; et les deux artistes, voyant de jour en jour se rembrunir le visage de leur auguste patron, prirent les devants sur une disgrâce, et vinrent lui demander la permission de retourner en Hollande, en avouant que malgré les bontés de son Altesse ils ne pouvaient rester plus long-temps à Heidelberg, atteints qu'ils étaient du mal du pays.

L'électeur les laissa partir à grand'peine; mais en partant, les deux frères emportèrent encore des témoignages de sa munificence : revenus à Harlem, ils continuèrent de travailler ensemble, Guérard soutenant toujours Job contre ses craintes chimériques, qui ne l'abandonnaient plus un seul instant. Malheureusement Guérard, quoique le cadet, mourut le premier : il résulta de cet isolement que, n'ayant plus son frère pour le guider, le pauvre Job, un soir qu'il sortait du cabaret, tomba dans le canal des Brasseurs, où il se noya.

Cet événement arriva le 13 juin 1698, Job Berck-Heyden étant dans sa soixante-dixième année.

Les deux frères furent enterrés l'un près de l'autre, afin, que ne s'étant point quittés pendant leur vie, ils ne fussent pas non plus séparés après leur mort.

ALEXANDRE BOTTICELLI.

« Dans le temps où vivait le vieux Laurent de Médicis, temps qui fut le véritable siècle d'or du génie, florissait Alexandre, nommé Sandro suivant le diminutif florentin, et surnommé Botticello pour le motif que nous allons dire. Il était fils de Mariano Felipepi, qui l'éleva avec soin et lui fit apprendre tout ce que l'on enseigne ordinairement aux enfants avant de les mettre en apprentissage.

» Sandro était doué d'une grande facilité, mais son imagination inquiète ne lui permettait pas de se contenter des leçons de lecture, d'écriture et d'arithmétique que lui donnait son maître d'école : son père, fatigué de son exigence, le plaça en désespoir de cause chez un de ses amis nommé Botticello, qui exerçait avec distinction l'état d'orfévre.

»Comme il existait à cette époque de continuels et fréquents rapports entre les orfévres et les peintres, Sandro commença par se livrer tout entier à l'étude du dessin, et finit par se prendre d'un bel amour pour la peinture : son père, pour ne point contrarier sa vocation, le confia selon ses désirs aux soins de frère Philippe *del Carmine*, célèbre peintre de cette époque. Sandro imita si parfaitement son maître, que celui-ci le prit en affection et le poussa de telle sorte, qu'il dépassa de beaucoup les espérances qu'on avait conçues de lui. » Voilà ce que dit Vasari d'Alexandre Botticello, ou Botticelli.

Alexandre était donc un grand peintre : ce que prouverait en tout cas, même en l'absence du témoignage de Vasari, le tableau dont nous allons parler.

C'était sous Laurent de Médicis, comme

le dit Vasari, et au moment de la renaissance grecque : or, quoique Botticelli (peintre idéaliste par excellence) dût adopter plus tard la réforme de Savonarole, un jour il lut dans un des dialogues de Lucien la description suivante du tableau d'Apelles, intitulé la Calomnie, et son imagination d'artiste ne lui laissa dès lors plus de trêve qu'il n'eût essayé de le reproduire.

Voici la description de ce tableau :

« Sur la droite de la composition est assis un homme à longues oreilles, à peu près semblables à celles de Midas : il tend la main à la Délation, qui s'avance de loin ; près de lui sont deux femmes dont l'une paraît être l'Ignorance, et l'autre la Suspicion ; on voit la Délation s'avancer sous la forme d'une femme parfaitement belle, son visage est enflammé, elle paraît violemment agitée et transportée de colère : d'une main elle tient une torche ardente, de l'autre elle traîne par les cheveux un jeune homme qui lève les mains au ciel ; un homme pâle et défiguré lui sert de conducteur : son regard sombre et fixe, sa maigreur extrême le font ressembler à ces malades exténués par une longue abstinence ; on le reconnaît aisément pour l'Envie : deux autres femmes accompagnent aussi la Délation, l'encouragent, arrangent ses vêtements, et prennent soin de sa parure : l'une est la Fourberie, l'autre la Perfidie ; elles sont suivies de loin par une femme dont le vêtement noir et déchiré, dont la douleur annoncent le Repentir : elle détourne la tête, verse des larmes, regarde en arrière, et voit avec confusion la tardive Vérité qui s'avance. »

Ce beau tableau fut fait pour messer Fabio Segni, gentilhomme florentin, ami intime de Botticelli, auquel le peintre en fit don.

Messer Fabio inscrivit au-dessous les vers suivants :

Indicio quemquam, ne falso lædere tentent
  Terrarum reges, parva tabella monet.
Huic similem Ægypti regi donavit Apelles,
  Rex fuit et dignus, munere, munus eo.

Ce tableau, placé dans la salle Toscane, est

aujourd'hui un des plus précieux joyaux de la GALERIE DES OFFICES.

Pour bien juger le talent de Botticelli, il faut mettre en face l'un de l'autre un de ses tableaux religieux et un de ses tableaux mythologiques, et alors on verra que la commande d'un seigneur riche, qui préférait les nudités du paganisme à la chasteté des compositions religieuses, pouvait bien changer le sujet, mais non l'exécution, et que le génie idéaliste était le même, qu'il peignît la Madone en adoration devant son fils, ou Vénus adorée par les Heures et par les Zéphirs.

En effet Botticelli, quoiqu'il nous ait laissé une douzaine de tableaux païens, n'en est pas moins, par le sentiment, un des peintres les plus religieux du moyen-âge.

La Madone, l'enfant Jésus et six anges est un des chefs-d'œuvre du maître; grâce des attitudes, charme des figures, ajustement des habits, expression en harmonie avec le sentiment, tout y est; il y a plus, l'auteur a voulu réunir dans le divin *Bambino* la double nature, matérielle de l'enfant, et idéaliste du Dieu; il joue avec une grenade d'une main, et il bénit de l'autre.

Au reste, le dessin est peut-être plus parfait dans cette œuvre de Botticelli que dans aucune autre du même maître.

Judith, tableau sur bois, n'est pas tel qu'il puisse ajouter à la réputation de son auteur, car il est certainement bien au-dessous de la Calomnie d'Apelles, par exemple, et de tant d'autres.

Judith vient de trancher la tête à Holopherne, et elle revient vers Béthulie tenant un rameau de laurier d'une main, un sabre ensanglanté de l'autre.

Elle est suivie de sa servante, qui porte sur sa tête la tête d'Holopherne.

Le dessin en est souvent incorrect, les plis ne sont pas naturels, le coloris est terne et manque d'effet. En voyant l'autre tableau qui lui fait pendant et qui représente Holopherne décapité couché sur son lit et entouré de ses soldats effrayés, tableau charmant de coloris et d'expression, on serait tenté au premier abord de nier que le même peintre pût être l'auteur de celui-ci; cependant en l'examinant avec attention on trouve bien quelque chose qui justifie le jugement qui en a été porté en le lui attribuant. Il est à remarquer surtout l'originalité du peintre qui cherche toujours à représenter les sujets connus sous des formes nouvelles et frappantes, ainsi que l'on en voit un exemple magnifique dans l'autre tableau que nous nous plaisons à citer encore; l'attention des artistes s'était toujours arrêtée au moment décisif où Holopherne a la tête tranchée par une femme, et ils ont toujours regardé ce point-là comme la fin du drame. Botticelli ne s'est pas contenté de la route tracée par les autres, il a cru comprendre que ce même drame pouvait avoir un développement plus grand encore; son génie ne l'a pas trompé, et il nous a laissé un petit chef-d'œuvre d'invention et de sentiment.

De même l'idée exprimée dans ce petit tableau de Judith est neuve et frappante;

Judith marche en avant, pressée de se soustraire aux périls qui doivent la menacer en se sauvant au milieu d'un camp ennemi, et les guerriers qu'on voit au loin dans la campagne font foi qu'il est bien temps de craindre et de se presser; en se tournant vers sa servante qui plie sous le poids de la tête énorme d'Holopherne, Judith a l'air d'être contrariée en voyant qu'elle la suit avec peine malgré ses efforts. Sous ce point de vue ce tableau ne manque pas de mérite et d'intérêt.

La Madone et l'enfant Jésus au milieu des Anges, globe sur bois.

« En ces jours-là Marie se leva, et s'en alla en hâte au pays des montagnes dans une ville de Juda.

» Et elle entra dans la maison de Zacharie, et salua Élisabeth.

» Et il arriva qu'aussitôt qu'Élisabeth eut entendu la salutation de Marie, le petit Enfant tressaillit dans son ventre, et Élisabeth fut remplie du Saint-Esprit.

» Et elle s'écria à haute voix et dit: Tu es

bénie entre les femmes, et béni est le fruit de ton ventre.

» Et d'où me vient ceci que la mère de mon Seigneur vienne vers moi?

» Car voici, dès que la voix de ta salutation est parvenue à mes oreilles, le petit Enfant a tressailli de joie en mon ventre.

» Or bienheureuse est celle qui a cru, car les choses qui lui ont été dites par le Seigneur auront leur accomplissement.

» Alors Marie dit : MON AME GLORIFIE LE SEIGNEUR (1). »

C'est le moment où Marie écrit ce splendide chant de reconnaissance, qui a été choisi par le peintre : un ange lui présente l'encrier, un autre le livre, deux autres enfin posent sur sa tête la couronne d'étoiles.

On reconnaît cette habileté de composition, ce soin des détails, cette riche et capricieuse recherche de vêtements qu'Alexandre Botticelli avait puisés à l'école de Lippi son maître,

---

(1) Evangile selon saint Luc.

et peut-être aussi dans les boutiques d'orfévrerie où il fit ses premières études. Mais ce qui est incontestable, c'est une réelle amélioration du dessin, de la couleur et de la perspective.

La Galerie des Offices fit l'acquisition de ce tableau en 1784.

Alexandre Botticelli est en outre l'auteur de trois compartiments peints par lui à la chapelle Sixtine, et qui représentent, l'un Moïse défendant les filles de Jéthro, l'autre le Châtiment de Coré, de Dathan et d'Abiron, et le troisième la Tentation du Christ dans désert.

Naissance de Vénus, tableau en détrempe et sur toile.

L'hiver s'enfuit, le printemps embaumé
Revient suivi des amours et de Flore :
Aime demain qui n'a jamais aimé ;
Qui fut amant, demain le soit encore.

L'hiver était le seul maître des temps,
Lorsque Vénus sortit du sein de l'onde ;
Son premier souffle enfanta le printemps,
Et le printemps fit éclore le monde.

L'été brûlant a ses grasses moissons,
Le riche automne a ses treilles encloses,
L'hiver frileux son manteau de glaçons,
Mais le printemps a l'amour et les roses.

L'hiver s'enfuit, le printemps embaumé
Revient suivi des amours et de Flore :
Aime demain qui n'a jamais aimé ;
Qui fut amant, demain le soit encore.

JEAN HOLBEIN.

Jean Holbein, fils d'un peintre assez médiocre, naquit à Bâle en 1498. Ses premières leçons lui vinrent de son père, et il eut bien vite dépassé son maître. Sa jeunesse se passa sans incidents extraordinaires, sans aventures exceptionnelles : jeunesse d'artiste uniforme par son étude, sainte par sa persévérance, jeunesse d'homme qui avait la conscience de sa propre force dans le présent et de sa gloire dans l'avenir, et qui se fit seul ce qu'il devint, c'est-à-dire un des plus grands peintres qui aient existé.

Cependant, comme presque tous les hommes qui veulent arriver à un grand nom, sans fortune qui les aide, il passa par bien des épreuves de misère, et le futur favori d'un roi dut bien souvent, du moins disent quelques chroniques, s'abaisser à peindre des devantures de boutiques et des enseignes.

Un jour qu'il en peignait une pour un apothicaire, voici ce qui lui arriva. On le savait quelque peu buveur, et souvent il quittait, disent toujours certaines chroniques, l'enseigne de sa pratique pour aller au cabaret. L'apothicaire, qui connaissait cette habitude, car les apothicaires connaissent tout, avait fait défense formelle à notre peintre de quitter son échelle sous peine de ne pas être payé. Et pour plus grande sûreté, il sortait de temps à temps la tête pour s'assurer de la présence d'Holbein.

Dans la position où se trouvait le peintre sur son échelle, on ne pouvait, de la boutique, lui voir que les deux jambes; mais le brave apothicaire se contentait de cela, étant bien sûr qu'il serait impossible à Holbein de s'en aller sans les emmener avec lui. Alors le pauvre artiste, que cette surveillance continue altérait de plus en plus, peignit sur le mur ses deux jambes avec une ressemblance si parfaite, qu'à moins de les toucher il était impossible de les reconnaître pour fausses. Puis il s'en alla tranquillement au cabaret voisin.

On peut croire ou non cette aventure, qu'on raconte encore à Bâle, et qui n'est pas plus invraisemblable que toute celles qu'on attribue aux grands hommes; mais ce dont il ne faut pas douter, c'est qu'au milieu de tout cela Holbein faisait des études sérieuses et suivies.

Cependant les premiers tableaux qu'il exécuta, les premières réalisations de cette étude et de ce travail, furent disséminés, vendus ou donnés à des étrangers, et nous ignorons ce qu'ils sont devenus. C'est toujours ainsi, surtout pour les peintres; il est rare que l'histoire, quand elle veut réédifier la vie passée d'un homme, puisse retrouver, pour faire son édifice de gloire, les premières pierres que le génie de son héros a posées. Elle perd souvent ainsi les choses les plus curieuses de la vie d'un grand homme, ses premiers essais, ses premières ébauches, cette première forme qu'il a donnée à ses rêves; elle est forcée de le juger depuis l'époque où il a commencé à être grand : et quelquefois, si, après avoir dévoilé le génie, elle veut dévoiler l'homme, si, après avoir raconté ce qui appartient au public, elle veut soulever un coin du voile qui cache la vie intérieure, à côté de ce nom fait de gloire, à côté de ce front ceint d'une auréole elle trouve peut-être une plaie, qui, pendant que l'esprit travaille, ronge le cœur; à côté de cette existence de poète ou de peintre, qui doit être faite de pensées et de rêves, de calme et de silence, une autre existence que la fatalité a jetée au milieu de ses rêves et de ses pensées, de son calme et de son silence pour traverser sa vie et quelquefois pour empêcher sa gloire.

C'est ce qui est arrivé à Holbein. Il avait épousé une femme qu'il aimait, et avait sans doute mis en elle toute cette idéalité que les artistes cherchent souvent dans la chose réelle, peut-être en avait-il fait la réalisation d'un rêve—nous l'ignorons;—mais ce qui est sûr, c'est que cette femme, qui lui devait un des plus beaux noms, au lieu d'être l'ange de la maison du peintre en était devenue le démon, et que Holbein, comme tous les hommes forts par le génie, était faible par le cœur et se courbait comme un coupable sous cette existence triste que lui faisait sa femme.

Heureusement qu'il devait se trouver un jour sur sa route un saint homme, une main amie qui, en lui ouvrant la gloire dans l'avenir, lui retirerait ses douleurs du présent. Érasme venait d'arriver, et tous deux, seuls dans l'atelier du peintre, s'entretenaient de tout ce qui fortifie l'âme, de Dieu, de gloire, et quand Holbein rentrait dans sa vie intérieure, si sa blessure n'était pas guérie, au moins elle était pansée.

Érasme avait beaucoup étudié, beaucoup vu, beaucoup souffert. A dix-sept ans, ruiné par ses tuteurs, il s'était fait chanoine régulier au monastère de Stein; puis il passa en Angleterre, où il devint l'ami de Thomas Morus et de Henri VIII, alors prince de Galles. De là il alla à Bologne, en 1506; pris pour le chirurgien des pestiférés, il fut poursuivi à coups de pierres et courut risque de la vie. Puis il vit Venise, Padoue, Rome, retourna une seconde fois en Angleterre, et revint enfin à Bâle, où il fit la connaissance de Holbein. C'était l'homme qu'il fallait que Dieu opposât à la fatalité du peintre. Aussi Erasme, qui avait compris tout de suite ce que son ami souffrait, résolut-il de lui faire quitter sa patrie.

Alors, un jour qu'il posait pour son portrait que Holbein était en train de faire, il lui demanda pourquoi il ne voyageait pas.

—Où voulez-vous que j'aille! lui répondait le peintre. Ma famille, mes affections sont ici: toutes ne me rendent pas heureux, c'est vrai; mais on s'habitue à la douleur aussi bien qu'au plaisir, et à présent j'y suis à peu près fait. Du reste il faudrait que mon voyage eût un but, que je fusse sûr de trouver autre part plus de gloire et de bonheur que je n'en ai ici.

— Mais, avec le talent que vous avez, quelques recommandations que je pourrais vous donner, moi, pourquoi n'iriez-vous pas en Angleterre? Vous y trouverez un puissant protecteur, Thomas Morus, mon ami, le ministre de Henri VIII. Partez seul, vous aurez l'indépendance qui fera votre bonheur, le travail qui fera votre gloire; ici toutes ces douleurs domestiques, toutes ces souffrances quotidiennes vous fatiguent, vous tuent. Tôt ou tard votre génie finira par se ressentir de ces tourments du cœur. Croyez-moi, partez.

Il n'était pas difficile de convaincre Holbein, il ne fallait que la résolution d'un moment pour rompre cette chaîne présente, et il sentait bien qu'Erasme avait raison. Mais malheureusement les hommes de génie n'ont que la volonté de leur imagination et de leur art; et ceux qui font subir la puissance de leur intelligence à la foule, subissent souvent eux-mêmes celle d'un être nul ou méchant.

Mais enfin le portrait d'Erasme s'acheva. Holbein se laissa convaincre tout à fait, et partit emportant pour Thomas Morus des lettres et le portrait de son ami.

Alors commença pour Holbein une autre vie, vie d'artiste, libre, joyeuse, errante. Alors comme un prisonnier qu'on libère, sans crainte qu'on le reprenne jamais, il marchait heureux, le cœur dégagé, avec l'espace et l'avenir devant lui, n'ayant plus d'autre souci que sa gloire, d'autre rêve qu'un grand nom, d'autre pensée que l'art.

Il arriva à Londres.

Thomas Morus le reçut d'abord comme on reçoit les grands hommes, puis par la suite comme on reçoit un ami. Trois ans il le garda le faisant travailler dans un seul but, sans doute; car un jour il donna une fête à Henri VIII en lui promettant des merveilles. Henri VIII vint et Morus lui montra tout ce que Holbein avait fait depuis trois ans; et comme le roi admirait tous les tableaux comme des chefs-d'œuvre, il le pria de les accepter.

Henri VIII était comme sont tous les rois, comme Louis XIV le fut pour Fouquet, jaloux qu'un autre possédât dans son royaume une gloire qui ne dépendît pas de lui, sachant très-bien qu'il ne faut souvent qu'un artiste pour faire rayonner une époque; aussi voulut-il avoir Holbein à son service. Morus le lui présenta. Henri VIII lui demanda s'il trouvait l'Angleterre assez poétique et assez hospitalière pour rester auprès de son roi et devenir son peintre; et quand Holbein eut accepté, il se tourna vers Thomas Morus en lui disant:

— Vous pouvez garder les présents que vous venez de me faire, puisque désormais j'aurai l'auteur.

C'est à partir de ce moment que naquit de la part de Henri VIII l'amitié plutôt que la protection qu'il accorda à Holbein, amitié d'artiste à artiste, de majesté à majesté, du roi qui comprend qu'il doit autant à l'artiste qui lui donne ses œuvres, que l'artiste doit au roi dont il est l'hôte.

Cette amitié se manifesta dans plusieurs circonstances, et surtout dans une aventure assez bizarre qui lui arriva avec un comte anglais.

Holbein avait, comme tous les peintres, comme tous les poëtes, cette pudeur du travail, cette coquetterie du talent qui faisait qu'il ne travaillait devant personne et surtout devant des indifférents. Or un jour un comte qui était assez incrédule, et qui comme saint Thomas voulait toucher pour croire, se présenta à la porte de Holbein. Celui-ci s'excusa avec toute la politesse possible, disant qu'il ne pouvait travailler devant personne, et que du reste il y avait à Londres des choses bien autrement amusantes que de voir travailler un peintre. Malheureusement le grand seigneur était aussi insolent que notre artiste était poli, et trop fat de son rang et de son nom pour croire que, quand les portes des plus nobles et des plus grandes maisons s'ouvraient devant lui, un peintre aurait l'audace de lui fermer la sienne. Heureusement le peintre était aussi résolu que notre grand seigneur était fat : si bien qu'il en résulta une querelle assez vive, à laquelle Holbein, qui était pressé de se remettre au grand portrait de Henri VIII, qu'il venait de commencer, mit fin en jetant le comte du haut de l'escalier en bas; après quoi il rentra dans son appartement comme Achille dans sa tente. Mais en réfléchissant il pensa que le grand seigneur devait être assez abimé par suite de cette chute aventureuse, que ce grand seigneur avait une suite fort bien armée, que lui était seul avec sa palette et ses pinceaux, et qu'après tout la lutte était trop inégale pour l'attendre et sa position trop dangereuse pour y rester. Il aima donc mieux prévenir le coup que d'y répondre. Et il alla se jeter aux pieds de Henri VIII, lui demander sa grâce, sans lui dire pourquoi, se doutant bien qu'il ne l'obtiendrait pas s'il lui avouait, avant de l'avoir, qu'il avait détérioré sa noblesse.

Puis, quand le roi eut pardonné une faute qu'il ignorait, Holbein, tranquille sur la foi de Henri VIII, lui avoua cette faute.

— Et il voulait entrer malgré vous? disait le roi.

— Oui, sire.

— Et quelle raison donnait-il?

— Son nom.

— L'insolent ! et que lui répondiez-vous?

— Le vôtre, sire, dont je me faisais une protection.

— Et il a insisté ?

— Oui, sire.

— Et alors ?

— Alors, comme j'étais pressé de travailler à votre portrait, sire, que j'avais interrompu pour lui répondre, je lui ai fait descendre un peu trop vite la rampe de l'escalier, au lieu de le laisser suivre les marches.

— Mais il n'est pas tué ?

— Non, sire. Cependant ce doit être un noble bien endommagé.

En ce moment on vint annoncer au roi qu'un comte blessé et meurtri avait une plainte à lui faire.

Henri dit à Holbein de ne pas sortir que l'affaire ne fût terminée et fit entrer ou plutôt apporter le malheureux lord.

Il lui laissa exposer ses griefs, qu'il voulut calmer en excusant la vivacité de son peintre. Mais comme le pauvre comte devenait aussi insolent devant le roi qu'il l'avait été devant l'artiste, Henri se leva et dit :

— Assez, monsieur. Je vous défends sur votre vie d'attenter à celle de mon peintre. La différence entre vous est trop grande. De sept paysans je peux faire sept comtes comme vous, et de sept comtes comme vous je ne peux pas faire un Holbein. Maintenant oubliez ce qu'il vous a fait, et je veux bien oublier ce que vous m'avez dit.

Le comte fut bien forcé de se courber sous la volonté du roi, et promit de ne tirer aucune vengeance d'Holbein; comprenant bien que ce serait chose folle que de vouloir lutter contre un homme si puissamment protégé.

Holbein, sûr désormais de l'affection du roi, ne s'occupa plus qu'à la conserver. Il se remit donc à l'œuvre, et au bout de quelque temps eut fini ce beau portrait en pied d'Henri VIII qu'il a copié plusieurs fois. L'original fut placé à Whitehall avec ceux du prince Édouard et des princesses Marie et Elisabeth.

Henri VIII venait souvent le voir dans son atelier et causer avec lui pendant qu'il travaillait. Pour ce roi la consigne était levée, et Holbein travaillait devant lui sans pudeur et sans coquetterie. Plus d'une fois, sans doute, quand ils étaient seuls, le roi aura ramassé le pinceau du peintre, comme Charles-Quint celui du Titien.

Après le portrait du roi il fit naturellement tous ceux des grands et des dames de la cour, seulement nous ignorons si dans ce nombre se trouvait celui du pauvre lord qu'il avait si mal reçu.

Holbein fit en outre plusieurs grands tableaux à l'huile et en détrempe. Un des plus beaux est celui qu'il fit pour le corps des chirurgiens.

Henri VIII, assis sur un trône, donne de la main droite les priviléges accordés au corps, et les chefs les reçoivent à genoux. On prétend que ce tableau n'a été achevé qu'après la mort du peintre. Cependant il y a tant de netteté, de fini, d'unité dedans, qu'il est impossible d'y reconnaître deux pinceaux différents.

Il exécuta encore deux autres tableaux, le Triomphe de la Richesse, et la Récompense de la Pauvreté, qui semblent avoir été faits pour des plafonds. Dans ces deux toiles se révèlent véritablement toute l'habileté d'exécution du peintre et tout le génie du poète.

Un riche amateur de Londres, André de Loo, rechercha tout ce qu'il put trouver des ouvrages d'Holbein, et s'en forma un cabinet.

Il avait ce beau portrait de maître Nicolas Lallemand, astronome du roi ;

Celui de M. Cromwell, habillé en docteur ;

Celui d'Érasme et celui de l'archevêque de Cantorbéry ;

Une grande composition en détrempe qui renfermait les portraits de Thomas Morus, de sa femme et de ses enfants. Après la mort d'André de Loo, ce tableau, un des plus beaux d'Holbein, fut acheté par le neveu de Thomas Morus.

Il y avait autrefois de lui à Amsterdam un fort beau portrait d'une reine d'Angleterre dont le vêtement de drap d'argent était admirable de brillant et de vérité.

Florence avait aussi quatre portraits : Luther, Morus, Richard Southwal, et enfin celui du peintre dont nous faisons la biographie.

A Dusseldorf une femme en bacchante, un paysage et un portrait inconnu.

On a encore de lui le portrait de Jeanne de Clèves, un homme tenant une tête de mort, et le Sacrifice d'Abraham. Au Palais Royal le portrait d'une femme habillée en noir, et le portrait d'un négociant, Georges Gisein.

Enfin à Bâle, sa patrie, sont la Danse des paysans, la Passion du Seigneur en huit compartiments, le portrait du père d'Holbein, un grand Christ mort, le portrait de cette femme qu'Holbein a peinte une seconde fois en courtisane, parce qu'elle avait refusé de lui payer le prix convenu pour le premier portrait; vengeance d'artiste, à laquelle on doit un petit chef-d'œuvre de plus; enfin sur les murs du cimetière de Saint-Pierre, la Danse des morts.

Cette célèbre composition, attribuée à Holbein dans sa patrie même, lui est contestée par quelques savants — les savants contestent toujours. — En tout cas, comme l'auteur inconnu appartient évidemment à l'école d'Holbein, comme l'œuvre est de l'époque où Holbein habitait Bâle, et que puisqu'on la lui conteste c'est qu'il y a des raisons pour qu'elle soit de lui, nous aimons mieux la lui laisser jusqu'à ce que l'auteur anonyme se fasse connaître, et nous allons emprunter à l'une des mille copies qui en ont été faites la description de cette Danse, que nous reproduirons avec ses explications simples et naïves.

La Danse des morts fut retouchée en 1568 par Klauber; puis en 1616, en 1658, en 1703, et elle fut enfin détruite en 1805.

Le premier groupe représente un prédicateur avertissant les hommes de toutes les conditions qu'un jour viendra l'heure du jugement. Voici la traduction que nous en trouvons :

Lorsqu'au son de la trompe un ange de lumière
Fera sortir les morts du sombre monument,
Ceux qui dorment dans la poussière,

Reprenant leur vigueur première,
Viendront tous devant Dieu paraître en jugement.

Le pécheur endurci, qui, vivant dans le crime,
Se rendit du démon l'esclave et la victime,
    Comme un enfant criminel
    Ira dans le feu de l'abîme
    Subir un supplice éternel.

    Mais heureux le sort du fidèle,
Absous de ses péchés, affranchi de tous maux,
Il ira recueillir dans la gloire éternelle
Les doux fruits de la foi, le prix de ses travaux.

Nous remarquons sur le devant un cardinal et un évêque qui ne paraissent pas trop rassurés et qui aimeraient peut-être mieux autre chose que cette prophétie de Daniel.

Le second groupe c'est la Mort qui avertit les spectateurs de ce qu'ils deviendront en leur montrant derrière elle une espèce de grande niche pleine de squelettes. Elle tient un tambourin, et à côté d'elle est une autre Mort qui tient une flûte. Elles ont l'air d'appeler la foule comme les acrobates devant une fête.

Voici ce qu'elle dit :

> Toi qui contemples ce tableau,
> Reconnais la laideur de la faible nature ;
> Telle un jour sera ta figure
> Fusses-tu des mortels aujourd'hui le plus beau.

Alors commence la danse des morts : le premier que le terrible squelette emmène est un pape qui ne paraît pas très-enchanté de cette préférence ; mais la Mort lui fait comprendre qu'elle devait bien cela à son rang, et que comme c'est lui qui tient les clefs du paradis c'est bien le moins qu'il se l'ouvre le premier :

> Sans trop de compliments, sans vous baiser la mule,
> Grand pape, je vous viens ordonner de partir.
> Il n'est ni dispense, ni bulle
> Qui puisse de ma main jamais vous garantir.
> Sachant qu'à vous, saint père, on doit la préférence,
> A votre primauté je ne ferai point tort ;
> Je veux que le premier vous fassiez une danse
> Au son du tambour de la Mort.

Puis ensuite elle emmène un empereur, qui ne paraît guère plus satisfait que celui qui est parti devant pour ouvrir la route. Et la

Mort, tout en jouant de la flûte et le retenant bien pour qu'il ne lui échappe pas, lui dit :

> Quitte, puissant césar, le sceptre et la couronne,
> Et tout l'éclat qui t'environne,
> Tes grandeurs d'ici-bas dont l'homme est ébloui ;
> Je ne respecte pas la pompe,
> Et je veux qu'au son de ma trompe
> Tu viennes danser aujourd'hui.

Cette fois la Mort a affaire à une femme. C'est sans doute pour cela qu'elle est plus décemment vêtue.

> Et vous, auguste impératrice,
> Venez faire à la Mort le triste sacrifice
> De tout ce qu'à vos yeux le monde a de plus cher.
> Je n'ai point égard à vos charmes,
> Je suis insensible à vos larmes,
> Donnez la main, il faut marcher.

Puis elle continue à suivre respectueusement la hiérarchie des puissances, observant ce qu'on doit aux positions, la flatteuse qu'elle est, se coiffant toujours de quelque chose qui ait rapport au patient qu'elle entraîne, depuis le chapeau du cardinal jusqu'à la couronne du roi, depuis la mitre de l'évêque jusqu'au bonnet du bouffon, toujours railleuse ou terrible, prenant le squelette d'un damné qu'un serpent ronge quand elle fait danser un roi ou un empereur, prenant le corps décharné d'une vieille femme à la gorge flétrie, aux membres secs, quand elle emmène une jeune fille qui ne sait que plaisir et qu'amour.

Ainsi après l'impératrice vient le roi, qu'elle traite comme les autres; puis la reine, et autour de son col se roule une vipère comme un collier; puis un cardinal, et cette fois elle a, comme nous le disions, un serpent qui lui ronge le ventre, emblème des désirs qui pendant sa vie ont rongé le cœur de celui qui avait fait vœu d'abstinence. Elle arrive à lui gaie et railleuse en lui disant:

Ha! je vous tiens, belle Éminence,
Il faut danser — point de dispense. —
Ici votre refus serait fort déplacé.
Aujourd'hui votre pompe tombe,
Et l'on entonnera demain sur votre tombe
Un *requiescat in pace!*

Puis ensuite vient l'évêque, qu'elle conduit sans miséricorde malgré la crosse et la mitre. Puis elle passe de la grandeur spirituelle à la grandeur temporelle, de l'évêque au duc. Cette fois elle semble avoir encore moins de respect que quand il s'agissait de ceux qui tiennent leur loi de Dieu; elle ne marche plus à côté d'eux, elle les entraîne en courant; elle n'est plus railleuse, elle devient terrible. La duchesse suit son époux comme toute femme obéissante doit le faire. — Viennent après, le comte, l'abbé, tous moins résignés les uns que les autres.

Puis elle arrive au chevalier. Sans doute elle a pensé qu'elle aurait fort à faire, car elle est couverte d'une armure en assez mauvais état et qui semble servir depuis longtemps. Elle s'est emparée de sa large épée, et elle dit au chevalier en lui passant le pied entre les jambes :

Pour le coup, chevalier, pends tes armes au croc,
    Tu n'entends rien dans cette guerre.
La Mort, en t'assaillant et de pointe et d'estoc,
    Te va bientôt coucher par terre.

Déjà c'en est fait de l'armet,
Elle a saisi ton cimeterre,
Et malgré ta bravoure à ses lois te soumet,
Un croc en jambe achèvera l'affaire.

Ensuite elle veut arrêter le jurisconsulte, et son ordre est bien en règle; elle lui prouve bien et dûment qu'elle est dans son droit, comme le loup le prouve à l'agneau, en lui disant pour dernière conclusion qu'elle est la plus forte. Après avoir conduit le sévère magistrat au pied du dernier tribunal, elle revient prendre un gros chanoine; au chanoine qui a mission de sauver l'âme succède le médecin chargé de guérir le corps. Mais il paraît avoir bien des morts à se reprocher; car il recule tant soit peu devant la route qu'il a fait suivre à d'autres. La Mort est plus insensible à ses plaintes qu'à celles de ses prédécesseurs, et elle va droit son chemin sans s'inquiéter de sa résistance et se contente de lui donner ce dernier avis :

Disciple d'Hippocrate, Esculape nouveau,
Toi qui contre la mort inventas cent remèdes,
Il faut enfin que tu lui cèdes,
Elle va de ce pas te conduire au tombeau.

> Apprends que de ton art la docte expérience
> N'est que trop sujette au hasard,
> Et que, malgré tes soins, tes drogues, ta science,
> Il faut toujours mourir ou plus tôt ou plus tard !

Maintenant c'est un gentilhomme qu'elle tire, et il faut avouer qu'elle tire vigoureusement des deux bras sans respect pour son nom, sans réserve pour son rang ; elle lui dit cette vieille maxime, qui a été répétée tant de fois :

> Sachez qu'un gentilhomme ainsi que le vulgaire
> Doit par le même sort quitter cet univers,
> Avoir un même ciel ou les mêmes enfers,
> Être mis dans la même terre,
> Et rongé par les mêmes vers.

Ici c'est une femme qui tient un miroir et que la Mort emmène sans pouvoir lui faire détourner les yeux de la glace où elle se mire ; elle lui dit ce que Hamlet dit en tenant le crâne d'Yorick, sentence que le poète a empruntée au peintre :

> Voyez cette beauté dans sa faiblesse extrême,
> Lorsque amoureuse d'elle-même
> Et sans se lasser de se voir
> Elle va consulter cette glace fidèle,

> Afin d'obliger son miroir
> A lui dire cent fois qu'elle est aimable et belle ;
> Je n'ai qu'à me montrer pour la remplir d'effroi :
> D'abord son sang se glace et ses roses palissent,
> Ses yeux s'enfoncent, s'obscurcissent,
> Elle devient semblable à moi.

Il faut cependant s'arrêter de temps en temps pour reconnaître, au milieu de ce burlesque terrible, de ce bouffon railleur, de cette simplicité de formes, de cette naïveté d'expressions, une vérité étonnante, une poésie admirable : cette tête de mort qui n'est jamais la même, qui selon sa victime devient railleuse ou vengeresse, cette bouche qui tantôt rit et tantôt grince, ces yeux creux tantôt ternes, tantôt flamboyants, tout cela, jusqu'au costume burlesque que la Mort prend pour quelques-uns des trépassés, tout cela, disons-nous, est empreint de cette belle poésie allemande si puissante et si vraie.

A chaque groupe la physionomie de la Mort est bien celle de la déité fatale qui n'a ni oreilles pour entendre, ni cœur dans son

froid squelette pour plaindre, qui oublie
ceux qui l'appellent pour aller à ceux qui ne
l'attendent pas, dont la main osseuse veut des
fleurs à effeuiller, d'heureuses et belles exis-
tences à détruire, des cœurs jeunes et aimants
à dessécher, et qui, comme dans le tableau,
passe sans les écouter sur les souffrances qui
pleurent pour aller frapper de toute sa force
à la porte des heureux qui chantent.

Après la femme vient le marchand, dont
la Mort prend les balances et l'argent; puis
la nonne, qui marche plus résignée que les
autres, les yeux portés vers la terre, qui sera
sa tombe, et les mains croisées sur son cœur,
où Dieu mit la foi.

Ensuite, la Mort, qui s'est faite boiteuse,
soutient un boiteux, qui l'accueille comme
une amie, et de lui va à un ermite. Cette fois
elle s'est attachée au ventre une lanterne allu-
mée sur laquelle elle frappe avec deux os
comme sur un tambour :

Voici le noir flambeau qui consume le monde,
Il n'est point d'habitant sur la terre et sur l'onde

> Qui puisse en soutenir l'ardeur,
> Je suis l'ange exterminateur.
> Si chez les potentats il n'est point de barrière
> Capable d'arrêter mes pas,
> Qui pourra garantir de ma main sanguinaire
> Le pauvre frère Nicolas?

Là c'est un jeune homme qu'elle arrache à la vie malgré ses larmes et son repentir, sa jeunesse et son bonheur. A côté c'est un usurier qu'elle étrangle malgré son or et à qui elle dit :

> Je vais de cette main t'apprendre à quitter prise ;
> Mais avant qu'au tombeau ton corps soit étendu,
> Fais-y graver pour ta devise :
> En trop gagnant, j'ai tout perdu.

Plus loin elle pousse une jeune fille par les épaules, elle y met tous les sarcasmes de l'ironie, toute la volonté de la vengeance.

Après elle, c'est un musicien qu'elle conduit en lui jouant du violon ; puis un héraut, puis un maire, puis un bourreau, et toujours cette même tête ironique, cette même physionomie moqueuse.

La voici maintenant qui court en faisant sonner des grelots d'une main et tenant un bouffon de l'autre, et la danse continue, inexorable et éternelle, tantôt avec un mercier à qui elle prend sa marchandise, tantôt avec un aveugle à qui elle coupe la laisse de son chien. Pour lui elle a couvert ce qu'elle laisse voir aux autres.

Ici c'est avec un juif dont elle a tiré la barbe et dont elle jette l'argent, et à qui elle conseille pour son bien éternel de reconnaître Jésus comme roi de Sion.

Là c'est avec un païen ; puis enfin avec un gros et gras cuisinier, bien rebondi, bien joufflu, qu'elle semble emmener avec satisfaction et dont elle énumère les qualités comme des raisons de sa mort :

>   Voici Mignot en son vivant,
>   Petit ivrogne et gros gourmand ;
>   Il paraît que le camarade
>   N'est ni trop vieux, ni bien malade,
> Il est gras et dodu, bref il est ragoûtant.
>   Je vais essayer à l'instant,

> De le mettre en capitolade ;
> Un tel mets pour les vers ne sera pas trop fade,
> Quoique sans assaisonnement :
> Je gage qu'à leur goût il sera si friand
> Qu'ils le mangeront sans salade.

Après le cuisinier elle entraîne un pauvre paysan, et lui dit la fable de La Fontaine : *La Mort et le Paysan*. Le paysan du peintre ne paraît guère plus décidé que celui du poète.

Puis enfin Holbein, ou l'auteur inconnu, a terminé la danse par le peintre, il s'est naturellement fait la plus belle part. On sait que la modestie n'est pas la qualité dominante des grands hommes. Et quand la Mort vient l'avertir qu'il faut faire comme les autres, qu'il faut jeter sa palette et ses pinceaux et la suivre, il lui répond avec calme :

> Sachant que toute créature,
> Esclave de la vanité,
> N'est aux yeux du Seigneur qu'une ombre, une
> peinture,
> A peu près sans réalité,
> Je suis plus que content de changer de nature,
> De passer par la pourriture

Pour jouir dans l'éternité
De la félicité future.
Viens, divin ouvrier, graver sur mon visage
Les traits vivants de son image,
Et me rendre un portrait de la divinité.

Enfin la Mort fait suivre le mari par la femme, qui est aussi calme et aussi résignée que lui. Ainsi finit cette danse des morts qui a commencé au pape et qui a fini au peintre, et qui comprend, entre ces deux hommes, tous les rangs et toutes les positions, depuis le roi jusqu'au paysan, depuis l'empereur jusqu'au cuisinier. Le peintre a oublié le poète, c'est peut-être sous le prétexte que la poésie n'est qu'une peinture :

Ut pictura poesis.

Frédéric Zucchero, qui se trouvait à Londres en 1574, long-temps après la mort d'Holbein, arrivée en 1554, éleva le mérite du peintre jusqu'à l'égaler à Raphaël.

Quoique ce soit une exagération un peu forte, il faut cependant reconnaître à Holbein les qualités essentielles qui font un grand peinrte : toute l'habileté de l'exécution, toute la poésie de la pensée, toute la connaissance de la couleur.

Outre les tableaux que nous venons de nommer, Holbein a fait plusieurs ouvrages pour les graveurs en cuivre et en bois, pour les orfévres et les antiquaires. Il peignait de la main gauche, et dessinait à la pointe d'argent et à la plume. Il dut le talent de peindre à la gouache à un peintre habile, nommé Luca, dont il fit la connaissance à Londres, mais qu'il eut bien vite surpassé.

Enfin, en 1554, comme nous l'avons dit plus haut, il mourut à Londres de la peste.

ANGE GADDI.

Cet Ange Gaddi est le même dont Vasari déplore si lamentablement l'abjuration artistique : petit-fils de Gaddo Gaddi, qui lui avait laissé avec ses outils le secret de la mosaïque; fils de Thaddée Gaddi, qui voyait en lui un de ses meilleurs élèves et un de ses plus dignes successeurs ; ange Gaddi à l'âge de 35 ans se dégoûte de la peinture, où sa Résurrection de Lazare lui a conquis une des premières places ; ouvre une boutique à Venise, acquiert d'énormes richesses, et meurt à 63 ans après avoir troqué le passé artistique de ses ancêtres contre l'avenir commercial qu'il laisse à ses enfants.

On comprend qu'avec cette disposition d'esprit Ange Gaddi ne pouvait arrêter la décadence dans laquelle la peinture du quatorzième siècle commençait à tomber. Déjà son père, Thaddée Gaddi, plus coloriste que Giotto, mais moins dessinateur et surtout moins penseur que lui, avait eu peine à la maintenir à la hauteur où son maître et parrain bien-aimé l'avait laissée en mourant; et Ange Gaddi, qui sans doute connaissait sa faiblesse, ne prit pas même la peine de lutter.

En effet, quoiqu'on reconnaisse dans *l'Annonciation* l'école de Giotto, ce tableau n'a pas l'allure magistrale des œuvres de ce grand peintre : l'ange est gracieux, il est vrai, mais il manque quelque peu d'expression et de sentiment; quant à la Vierge, elle est maniérée, ses bras sont visiblement trop courts, enfin les plis de sa robe sont maigres, et nulle part sous cette robe on ne sent les formes qu'elle recouvre.

Ange Gaddi laissa à ses enfants plus de cinquante mille florins d'or ; aussi le firent-ils enterrer en grande pompe dans le tombeau qu'il avait fait construire en 1387 dans l'église de Sainte-Marie-Nouvelle.

Quant à son portrait, si l'on en croit Vasari, on le retrouvait peint par lui-même dans la chapelle des Alberti à l'église de Santa-Croce: il s'était représenté de profil, avec un peu de barbe, et un chaperon rose, dans le tableau de l'empereur Héraclius portant sa croix.

La *Présentation au temple*, sur bois, doit être du premier temps d'Ange Gaddi, alors que, tout chaud encore des traditions de ses ancêtres, il essayait de se soutenir à la hauteur paternelle; il reproduisit, ainsi que l'indique son titre, la Présentation de Jésus au temple. Siméon porte l'Enfant divin, le présente au prêtre, et procède solennellement à la cérémonie de la purification, tandis que la Vierge, avec une sollicitude toute maternelle, ne peut cacher la petite main de son fils, et que près d'elle saint Joseph, qui l'accompagne, porte les tourterelles symboliques.

Les figures sont belles et ne manquent pas d'expression ; mais déjà Giotto a passé par le chemin que suit Ange Gaddi, il l'a rendu difficile à l'endroit de ses successeurs.

Cependant il est juste de dire qu'il y a dans tout l'ensemble de la composition un sentiment religieux qui fait passer sur les deux défauts du tableau, et qui le classe parmi les œuvres remarquables du milieu du quatorzième siècle.

L'*Adoration des bergers*. « Or il arriva en ces jours-là qu'un édit fut publié de la part de César Auguste, portant que tout le monde fût enregistré.

» Ainsi tous allaient pour être mis par écrit chacun dans sa ville.

» Et Joseph monta aussi de Galilée en Judée, savoir de la ville de Nazareth en la cité de David appelée Béthléem ; à cause qu'il était de la maison et de la famille de David,

» Pour être enregistré avec Marie, la femme

qui lui avait été fiancée, laquelle était enceinte.

» Et il arriva, comme ils étaient là, que son terme pour accoucher fut accompli.

» Et elle mit au monde son fils premier-né, et l'emmaillotta, et le coucha dans une crèche, à cause qu'il n'y avait pas de place pour eux dans l'hôtellerie.

» Or il y avait dans ces quartiers-là des bergers couchant aux champs et gardant leurs troupeaux dans les veilles de la nuit.

» Et voici que l'ange du Seigneur survint vers eux, et la clarté du Seigneur resplendit autour d'eux, et ils furent saisis d'une fort grande peur.

» Mais l'ange leur dit : N'ayez point de peur ; je vous annonce un grand sujet de joie, qui sera tel pour tout le peuple.

» C'est qu'aujourd'hui dans la cité de David vous est né le Sauveur, qui est le Christ, le Seigneur.

» Et c'est ici la marque à laquelle vous le

reconnaîtrez, c'est que vous trouverez le petit enfant emmaillotté et couché dans une crèche.

» Et aussitôt, avec l'ange, on entendit toute l'armée céleste louant Dieu et disant :

» Gloire soit à Dieu dans les lieux très-hauts, que la paix soit sur la terre et la bonne volonté dans les hommes.

» Et il arriva que les bergers dirent entre eux : Allons donc jusqu'à Bethléem, et voyons cette chose qui est arrivée et que le Seigneur nous a découverte.

» Ils allèrent donc à grande hâte, et ils trouvèrent Marie et Joseph, et le petit enfant couché dans la crèche. »

C'est cette scène sublime de simplicité sous la plume de saint Luc, qu'Ange Gaddi a entrepris à son tour de raconter avec le pinceau.

Deux bergers conduits par deux anges sont en adoration devant l'enfant Jésus, tandis qu'un troisième ange va réveiller un troisième berger gardant son troupeau sur une hauteur.

Ce tableau, peint à la détrempe, appartient entièrement à l'école religieuse de Giotto.

L'*Adoration des mages*. Peu de sujets ont été plus souvent répétés par le pinceau que l'adoration des mages.

C'est qu'aussi peu de sujets offrent un aussi merveilleux champ à la peinture.

Que faut-il à un grand peintre pour faire un grand tableau? l'harmonie dans la composition, les contrastes dans les personnages, la variété dans les couleurs.

Or quoi de plus harmonieux, de plus contrastant et de plus coloré qu'une belle Vierge tenant un bel enfant dans ses bras, ayant derrière elle un grand vieillard calme et simple, tandis qu'à ses pieds trois rois s'inclinent chargés de présents, et accompagnés de leur suite?

Aussi, de Gaddi à Rubens, et de Rubens à nous, combien d'Adoration des mages!

Au reste il ne faut pas confondre Ange Gaddi avec Thaddée Gaddi. On ne trouverait pas dans le cœur du second la même croyance que dans celle du premier, de même qu'on ne trouverait pas dans le fils le talent du père. Thaddée Gaddi était un homme d'art, Ange Gaddi était un homme d'argent.

Un tableau d'Ange Gaddi n'en est pas moins de nos jours une chose extrêmement précieuse pour l'histoire de la peinture.

ANTOINE POLLAIOLO.

Deux *Histoires d'Hercule*. Ces deux sujets sont Hercule et l'Hydre, Hercule et Cacus.

« Dans le palais des Médicis (dit Vasari), Antoine Pollaiolo exécuta trois tableaux dont chacun, haut de cinq brasses, contient un sujet tiré de l'histoire d'Hercule ; le premier représente Antée expirant entre les bras d'Hercule, qui, les dents serrées, les muscles et les nerfs tendus, réunit tous ses efforts pour étouffer son ennemi ; le second montre Hercule pressant sous son genou le lion de Némée et déchirant de ses deux mains la gueule de ce terrible animal, qui, en se défendant lui laboure profondément les bras avec ses griffes. Hercule tuant l'Hydre de Lerne forme le sujet du troisième tableau, qui est véritablement merveilleux : le serpent surtout est d'un coloris si vif et si vrai, que l'on n'aurait pu rien faire de mieux ; le venin et le feu qui jaillissent des yeux et de la gueule du monstre furieux sont rendus avec un art qui mérite tous nos éloges. »

Malheureusement ces grands tableaux furent brûlés, et il ne reste à la Galerie, de ces trois ouvrages (que pour leur temps Vasari regardait comme des chefs-d'œuvre), que deux esquisses de petite dimension.

Et ce qui doit surtout faire le mérite de ces deux tableaux, c'est que, pour les exécuter, Antoine Pollaiolo (peintre essentiellement chrétien), sortait entièrement de sa composition et de sa forme ordinaire : aussi les membres d'Hercule, quoique fortement accentués, appartiennent-ils encore bien plutôt à la peinture ascétique du moyen âge, qu'à l'imitation de la vigoureuse antiquité.

Ces deux petits tableaux (ce qui ajoute encore à leur mérite), sont de la main seule d'Antoine Pollaiolo.

LE PRIMATICE.

Il y avait huit ans que le duc de Mantoue avait envoyé au roi François Ier, qui lui demandait un artiste à la fois peintre et stucateur, — Francesco Primaticio de la noble famille des Primatices, quand un matin le roi le fit appeler à Fontainebleau.

—Messer, lui dit-il, nous aurons à recevoir bientôt ici l'empereur Charles-Quint, qui traverse notre France pour aller punir les Gantois. Il faut que notre hôte impérial emporte un beau souvenir de l'hospitalité que lui aura offerte François 1ᵉʳ. Nous voulons que son entrée dans le château ressemble à un triomphe. Puisez à pleines mains dans nos coffres, messer, et ordonnez-nous des fêtes splendides ; j'ai été trop bien reçu à Pavie par l'empereur pour ne le pas bien recevoir à Fontainebleau.

Le Primatice se mit aussitôt à l'œuvre, car c'était un homme d'imagination et de goût ; et quand l'empereur arriva à Fontainebleau, il dut être ébloui de cette magnificence et de cette grandeur qui semblaient lui promettre l'exécution du traité de Madrid. Après avoir été reçu à Bayonne par les deux fils du roi, le dauphin et le duc d'Orléans, il fut accueilli à son arrivée sur la lisière de la forêt de Fontainebleau, du côté de Nemours, par l'élite de la noblesse française : un cortège grotesqu de dieux et le déesses conduisit l'empereur jusqu'au château sous un arc de triomphe orné de peintures allégoriques faites par Primaticio, et là il reçut l'accolade de son royal prisonnier et les fêtes commencèrent.

Dans une des allées de la forêt, Anne de Pisseleu, duchesse d'Étampes, se promenait auprès de François Ier et lui disait :

— Savez-vous, sire, que vous êtes un prince ou bien magnifique ou bien rusé, et qu'on ne peut offrir à son prisonnier une prison plus somptueuse !

— Que veut dire notre belle duchesse ? répondit le roi.

— Elle veut dire, reprit madame d'Étampes, que, puisque l'empereur a bien retenu le roi jusqu'à ce qu'il eût signé le traité de Madrid, le roi devrait bien à son tour retenir l'empereur jusqu'à ce qu'il ait révoqué le traité qui déshonore la France.

— Et qui a dit à notre belle duchesse que nous fussions dans les mêmes intentions en France qu'en Espagne, et que ce traité s'accomplirait ? Les promesses faites sur la terre où l'on est prisonnier s'oublient vite quand on remet le pied sur celle où l'on est roi. Et c'est en Espagne que cette promesse fut faite : j'ai oublié.

Et le roi et la royale favorite continuèrent leur promenade ; mais la conversation changea sans doute : car ils se parlaient bien bas quand ils trouvèrent dans cette même allée l'empereur Charles-Quint.

— Mon frère, je suis ébloui de cette magnificence, dit l'empereur, et je remercie les Gantois de s'être révoltés.

— Mais peut-être, reprit le roi en riant, les Gantois pourraient bien me remercier à mon tour, si je suivais certain conseil que vient de me donner une jolie bouche.

— Et quel est ce conseil ?

— De garder Votre Majesté en France.

— C'est un conseil qu'il faut suivre, sire, si vous le trouvez bon, reprit l'empereur en regardant madame d'Étampes.

Puis le soir Charles-Quint, ayant réfléchi que le conseil donné par la maîtresse du roi pourrait bien être suivi, voulut empêcher madame d'Étampes de tourner sa politique contre lui ; et au moment de se mettre à table, il laissa tomber en se lavant les mains un anneau de grand prix aux pieds de la duchesse. Elle le ramassa et le présenta à l'empereur, qui lui dit :

— Je vois bien, madame, que cet anneau veut changer de maître, et je ne veux le reprendre ; il est en trop belles mains.

La politique de diamants vaut mieux que celle des conseils, car Charles-Quint partit et madame d'Étampes faillit perdre la France.

Madame d'Étampes était la favorite du roi et le Primatice le favori de madame d'Étampes. Cette protection qu'elle lui avait toujours accordée s'augmenta encore quand la nuit suivante arriva à Paris Benvenuto Cellini, qui encourut à l'instant même la disgrâce de la royale maîtresse. Le Primatice avait trouvé le Rosso en arrivant en France et il le détestait.

Benvenuto avait trouvé Primatice et voilà qu'il le détestait aussi. Seulement le ciseleur était un de ces hommes qu'on peut rompre, mais qui ne plient pas ; fort de son talent et de l'amitié du roi, il se souciait peu de la faveur de Primaticio et de la haine de la duchesse. Il avait été présenté à François Ier à Fontainebleau ; et quoique la duchesse eût daigné l'accueillir favorablement, il lui avait plu un jour, dans ses coquetteries de favorite royale, de faire faire antichambre toute une journée au ciseleur. Celui-ci ne lui avait pas pardonné de l'avoir fait attendre, et elle ne lui avait pas pardonné de n'avoir pas attendu encore. De là cette grande haine dans laquelle se trouve mêlé Primatice, comme l'instrument de madame d'Étampes.

Le roi avait commandé à Benvenuto les dessins d'une grande fontaine qu'il voulait faire faire à Fontainebleau. Les dessins avaient été apportés et montrés au roi, qui les avait trouvés beaux ; mais le roi voyait un peu par lui-même et beaucoup par madame d'Étampes, et il avait plu à sa maîtresse dans sa haine minutieuse de faire perdre à l'orfévre la commande royale, et de la faire donner à son favori Primaticio. Et le roi qui, sans doute dans le moment où elle le lui demandait, n'avait rien à lui refuser, accorda tout ce qu'elle voulut.

Nous l'avons dit, Benvenuto était un de ces hommes qui chargent toujours leur épée ou leur poignard de vider les querelles. C'est plus dangereux, mais c'est plus expéditif. Et lorsqu'un jour le trésorier de la favorite, à qui François Ier avait recommandé l'orfèvre florentin, eut prévenu Cellini de ce qui se passait, celui-ci prit ses armes et s'en alla à Fontainebleau, où se trouvaient Primaticio et le roi. Ceci se passait en l'an 1543, trois ans après l'arrivée de Benvenuto; et l'on pouvait voir à la manière dont il entendait se faire restituer sa commande, qu'il était sûr que la protection de François Ier excuserait les moyens dont il se serait servi. Il partit donc; arrivé à la résidence royale, avant de se rendre chez le protecteur, il alla droit au rival. Il trouva Primaticio travaillant dans son atelier. A son arrivée le peintre bolonais se leva et vint à lui avec force compliments, lui demandant quelle affaire l'amenait, et ordonnant qu'on apportât à boire, comme doivent le faire deux amis.

Il était pourtant facile de lire sur la physionomie de l'orfévre que ce n'était pas une visite d'amitié qu'il venait lui faire, mais que c'était quelque affaire importante et grave qui l'avait amené chez lui ; aussi à l'ordre que donna Primatice, Benvenuto répondit :

— C'est inutile, messer, nous boirons peut-être après, mais certes pas avant ce que j'ai à vous dire.

Puis il s'assit; et fixant un regard sévère sur Primatice, il continua :

— Voilà trois ans que je suis en France, et depuis trois ans la protection, je dirai même l'amitié du roi François Ier, ne s'est pas démentie un seul instant pour moi, et cependant j'ai près de ce protecteur une puissante enuemie, et vous le savez mieux que moi, messer Francesco, puisque c'est vous qu'elle a choisi pour auxiliaire.

— Je ne vous comprends pas, interrompit Primaticio.

— Eh bien! entendez et vous allez comprendre, reprit Cellini. Il y a quelques mois le roi m'a commandé des dessins pour une fontaine qu'il doit me faire faire à Fontainebleau. Il y a huit jours vous avez obtenu par les intrigues de madame d'Étampes la même commande que moi; et comme après tout, vous auriez pu ignorer que c'est à moi le premier qu'ont été demandés les dessins, je suis venu vous trouver comme un homme d'honneur doit le faire vis-à-vis d'un honnête homme, et vous dire: Restituez-moi ce qui m'appartient.

— J'ai reçu cette commande du roi François Ier, répondit le Primatice, et je ne la rendrais qu'à lui, si son plaisir est de me la reprendre.

— Écoutez, messer Francesco, dit Cellini se contenant encore, je comprends ce que vous me dites, mais il y a un moyen honorable et noble de nous satisfaire. Le roi nous a commandé à tous deux la même chose, faisons tous deux nos dessins, portons-les-lui sans rien dire, et si ce sont les vôtres qu'il préfère je m'inclinerai comme devant mon maître. Nous sommes tous les deux devenus les sujets du roi de France pour ainsi dire, c'est près de lui que nous avons trouvé la protection et la fortune que peut-être nous n'eussions jamais eue, vous à Mantoue, moi à Florence. Ce que je vous propose ne peut que le satisfaire doublement. C'est une noble lutte d'art et de talent, acceptez-la.

— Non pas, je la refuse, reprit Francesco, car je ne sais pas pourquoi, ayant reçu cet honneur de la bonté du roi, il me faudrait encore lutter avec vous pour le conserver. C'est mon bien, je le garde. Vous avez douze statues à faire pour Sa Majesté, tous les jours il vous donne de nouveaux travaux et de nouvelles preuves d'admiration et d'estime. Moi, j'accepte le peu qu'il me donne sans envier ce que vous avez. Nous ne pouvons tous deux que le remercier du partage de ses faveurs; et comme je ne vous dispute pas vos travaux, je ne sais pas pourquoi vous viendriez me disputer les miens.

— C'est bien, messer, reprit Cellini en se levant. J'avais cru pouvoir m'adresser à votre loyauté, je me suis trompé. C'est par la force qu'il faut vous reprendre ce que vous avez obtenu par la ruse. C'est bien, on vous le reprendra. Vous êtes l'arme dont se sert la duchesse contre moi, et vous vous croyez à couvert sous sa protection; mais prenez garde, messer, je ne puis pas toucher la main, mais je puis briser l'arme. Je vous le dis donc pour la dernière fois, cette commande ne vous appartient pas; et si vous dites un mot, je vous tue comme un chien, coûte que coûte.

— Tant que j'agirai selon ma conscience, dit le Bolonais, je n'aurai rien à craindre. Et il se leva à son tour.

— C'est bien, mais prenez garde! dit Cellini en jetant un dernier regard de colère et de menace à son rival, et il sortit.

Benvenuto avait raison, la haine seule de

madame d'Étampes lui avait fait enlever cette faveur du roi; mais disons-le, c'était elle qui avait fait appeler le Primatice; c'était elle qui avait intrigué près du roi; c'était elle enfin qui avait tout fait, et le Bolonais se serait attiré sa disgrâce, s'il n'eût pas embrassé sa cause. Et quoique c'eût été chose loyale de ne pas accepter ce qui avait été promis à un autre, il avait compris qu'en n'obéissant pas à madame d'Étampes elle le perdrait, et il aimait mieux encore une haine avec un homme qu'avec la favorite d'un roi.

Du reste, le Primatice était à Paris depuis plus long-temps que Benvenuto; car c'était en 1531, à l'époque où il travaillait avec Jules Romain au Palais, que le duc de Mantoue l'avait envoyé à François Ier; et si le roi n'avait pas pour lui toute l'affection qu'il avait pour Benvenuto Cellini, il avait du moins pour son talent toute l'estime qu'il méritait; car, nous l'avons dit, c'était un homme de goût et d'imagination que messer Francesco Primaticio, et outre les deux frises en stuc qu'il exécuta à Mantoue, sous les ordres de Jules Romain, il avait déjà fait de fort belles choses étant élève d'Innocenzio da Imola et de Raminghi. En arrivant à Paris il avait trouvé le Rosso en faveur auprès du roi, et, à partir de ce jour, s'était déclarée cette jalousie dominante chez lui. Mais il était tombé plus tard sur un rude adversaire, et Benvenuto Cellini, le fier ciseleur florentin, n'était pas homme à quitter la partie de sitôt. Primaticio l'avait fort bien compris, et tout en voulant conserver la protection de madame d'Étampes, il n'eût pas été fâché d'éviter la colère du ciseleur; car il le connaissait pour un homme violent et déterminé, capable de le tuer comme il le lui avait dit. Alors il imagina un moyen de concilier tout en quittant la France, et il demanda à François Ier de l'envoyer à Rome mouler des antiques. Le roi, qui n'ignorait pas toutes ces querelles d'artistes, pensa qu'il ferait naturellement tomber toutes ces querelles en éloignant celui qui en était la cause. Madame d'Étampes, qui voyait encore là-dedans le moyen de nuire à Benvenuto en lui opposant les chefs-d'œuvre de l'antiquité, appuya la demande du peintre bolonais, qui partit enfin pour Rome et laissa, par son départ, à Cellini le travail qu'il lui avait enlevé.

Pendant que Francesco était à Rome, le Rosso mourut; et Cellini, resté seul en faveur auprès du roi, travaillait au Jupiter qu'il lui avait demandé. C'était à ce Jupiter, qui devait être la grande œuvre du ciseleur, que madame d'Étampes voulait opposer les modèles qu'allait rapporter le Primatice.

Ce dernier se trouve si souvent mêlé à la haine de la duchesse qu'à côté de sa vie on ne peut s'empêcher d'esquisser celle du Florentin, dont nous ne devons pas écrire une biographie particulière. Benvenuto travaillait donc sans relâche pour arriver avant son rival; et rien n'est curieux comme la fonte de ce Jupiter, qu'il fit au milieu de la fièvre et du délire de la maladie. Mais, si prompte qu'ait été l'exécution, le Primatice était déjà de retour quand elle fut terminée; et quelle qu'ait été la cause de cette mission, il n'en rapporta pas moins les moules des plus beaux antiques.

A son retour il alla donc trouver le roi et lui dit :

— Sire, j'ai suivi les ordres que vous m'avez donnés et j'ai fait ce que j'ai pu pour les bien suivre; je vous rapporte cent vingt-cinq statues, un grand nombre de bustes antiques et les moules du Laocoon, de la Vénus de Médicis et de l'Ariane, enfin tout ce que j'ai trouvé de plus beau parmi les œuvres de nos grands maîtres.

— C'est bien, messer Francesco, dit François Ier; nous ferons jeter les trois derniers moules en bronze et nous les placerons dans notre jardin de Fontainebleau; quant aux autres...

— Quant aux autres, interrompit madame d'Étampes, qui était présente à l'entrevue du roi et du peintre, Votre Majesté devrait les faire placer dans la grande galerie de ce même château; ce sera un noble aréopage pour juger le Jupiter que Cellini doit y apporter.

— Et le triomphe n'en sera que plus grand pour notre orfévre! ajouta le roi, qui devinait l'intention de la duchesse. Quant à vous, Francesco, qui nous avez si bien et si loyalement servi comme artiste, et qui dotez notre France de tous les chefs-d'œuvre, nous voulons faire quelque chose pour vous, nous vous nommons intendant de nos bâtiments.

— Et comme Sa Majesté n'est pas généreuse à demi, reprit encore madame d'Étampes, elle vous donne aussi l'abbaye de Saint-Martin, qui est vacante.

— Remerciez la duchesse, qui nous a deviné, Francesco, et continuez à nous servir comme vous l'avez fait jusqu'ici.

Le Primatice fit disposer les statues dans la grande galerie de Fontainebleau comme le lui avait dit le roi, leur donnant les places les plus propres à les faire ressortir. Tout ce qu'il rapportait était du reste un travail admirable; et n'ayant plus son premier rival, le Rosso, à combattre, il tournait toutes ses forces contre le dernier, Cellini. Quand celui-ci eut terminé son Jupiter, le roi lui fit dire de le faire transporter à Fontainebleau dans la galerie où se trouvaient les peintures du Rosso. Benvenuto obéit et arrive dans cette belle galerie, où il trouve les statues de bronze du Primatice qui étaient la reproduction des plus beaux antiques de Rome. Il comprit la ruse et devina encore les conseils de la favorite. Alors il fit adapter au piédestal de son Jupiter un socle avec quatre roulettes peu apparentes pour qu'il pût facilement tourner sur sa base, et il attendit. La haine de la duchesse ne s'était pas arrêtée là. C'était pendant une chasse que le roi devait venir au milieu du jour voir l'œuvre du Florentin, mais elle s'était bien gardée de le laisser venir; et pensant que le soir serait funeste à l'effet du travail de son ennemi, elle avait gardé le roi si bien que, la nuit étant déjà presque tombée, le pauvre orfévre attendait encore. Alors il alluma une torche au milieu de la foudre que tenait Jupiter, et les rayons tombant de haut produisirent un effet merveilleux. Le roi arriva enfin avec madame d'Étampes, le Dauphin, la Dauphine, le roi de Navarre son beau-frère, madame Marguerite sa fille, et plusieurs grands seigneurs.

Dès que le roi entra, un des ouvriers du ciseleur poussa devant lui la statue, qui sembla vivante, et les statues antiques restèrent au fond.

— C'est admirable! s'écria le roi. Je n'aurais jamais cru que vous pussiez arriver à cette perfection, Benvenuto.

— Mais voyez donc les superbes figures antiques, dit madame d'Étampes. Nos pauvres sculpteurs modernes n'arriveront jamais à cette beauté, à cette puissance-là.

Et le roi s'avança suivi de son entourage, et, après avoir admiré, comme elles le méritaient, les statues rapportées par Primaticio, il en revint au Jupiter de Cellini et recommença ses éloges.

— Le jour peut-être, continua madame d'Étampes, la statue de Benvenuto, n'ayant plus les mêmes effets de lumière, perdra de sa beauté. Ce serait dommage vraiment, car le soir elle est fort belle; mais sans doute elle a quelque défaut caché; n'est-ce pas, maître Cellini? dit-elle en se tournant vers l'orfèvre, car vous l'avez couverte d'un voile.

— Parce que nous ne pouvons représenter les dieux, reprit Benvenuto, que sous les formes humaines, madame; mais, puisque vous le voulez...

Et il marcha vers la statue, qu'il découvrit entièrement.

— C'est fort beau, maître, dit vivement le roi, c'est fort beau, et vous aurez, je vous le jure, une récompense digne d'un pareil chef-d'œuvre.

Il triomphait encore une fois. Il se remit donc à son colosse de Mars que le Primatice lui avait tout à fait abandonné, et ce dernier commença les grands travaux du château de Fontainebleau.

Là encore la jalousie se manifesta, mais sans aucune retenue, sans aucune pudeur. Au lieu de respecter les œuvres fort belles de son rival mort, il fit abattre la plupart des compositions du Rosso, et il commença ses peintures dans l'intérieur du château.

De son côté, nous l'avons dit, Benvenuto s'était remis à l'œuvre ; le colosse grandissait d'une façon fantastique, et ressemblait à l'effigie d'un Titan gigantesque. La tête du Mars était admirable. Benvenuto la laissait découverte par vanité et pour railler le Primatice, mais il courait des bruits sur le colosse : on prétendait qu'il était hanté par un démon que le peuple appelait le démon-bourreau. Et ce qui avait donné lieu à cette créance, c'est que, lorsque venait le soir, les yeux du Mars s'allumaient comme deux brasiers et que sa bouche semblait remuer.

Mais la plupart de ceux qui faisaient ces

conjectures n'osaient approcher de l'endroit et s'enfuyaient épouvantés. Enfin, quelques individus moins crédules ou moins peureux voulurent vérifier le fait. Mais si près qu'ils s'avancèrent, ils ne purent voir qu'une chose : c'était que les yeux remuaient bien véritablement; et ils s'en retournèrent en assurant qu'il y avait un esprit dans la statue. Charmant esprit enfermé lui-même dans un corps divin de jeune fille qui s'était sauvée de chez sa mère pour suivre un apprenti de Cellini, et cet apprenti, ne sachant où la cacher, l'avait mise dans la tête du dieu.

Pendant ce temps François Ier ne pouvait plus se donner aux arts comme auparavant, et c'était de tout autre chose qu'il était occupé. Charles-Quint menaçait de marcher sur Paris, que le roi voulait fortifier; et c'était encore à Benvenuto qu'il s'était adressé : mais, cette fois encore, madame d'Étampes s'était trouvée là pour empêcher les projets du ciseleur, et peut-être le diamant oublié en France était-il cause de cela. Benvenuto le savait, et peut-être il gardait le secret qu'il avait surpris pour s'en faire une arme terrible contre la duchesse au jour où la lutte deviendrait plus acharnée. Un traité fut conclu avec Charles-Quint ; mais François 1er, tranquille du côté de l'Espagne, fut forcé de se retourner du côté de l'Angleterre.

Un jour qu'il était venu se reposer à Paris de tous ses ennuis politiques, il vint voir Benvenuto et lui demanda s'il avait encore quelque merveille à lui montrer. Cellini le conduisit à son colosse, et quand le roi lui demanda ce qu'il pouvait faire pour lui :

— Je vais vous paraître bien ingrat, sire, lui dit l'orfèvre ; mais je ne vous demande qu'une chose, c'est la permission de quitter la France. Il faut à l'artiste la solitude et le recueillement ; je vis ici, vous le savez, au milieu des intrigues et des querelles. Il faut que je revoie pendant quelque temps ma patrie et retrouve mes souvenirs pour me rendre mes idées ; et je demande à Votre Majesté la permission de la quitter pour revenir après et rester toujours en France.

— Je ne te laisserai partir que si tu me laisses un artiste de ta taille, répliqua le roi.

— Je laisse à Votre Majesté le Primatice, répondit Cellini.

— C'est vrai, répondit François Iᵉʳ. Partez donc, maître Benvenuto, et jusqu'à ce que vous nous reveniez et nous consoliez de votre absence.

Le lendemain Benvenuto alla prendre congé de madame d'Étampes. Il aurait eu du regret de la quitter sans se venger un peu d'elle. Elle le reçut avec un sourire ironique et triomphant.

— Je n'ai pas voulu quitter la France, madame, lui dit Benvenuto, sans faire mes adieux à ma première protectrice, et j'ai pensé qu'au moment de mon départ elle oublierait mes fautes et sa colère. Je puis mourir où je suis né, madame, et ce serait un regret pour moi de mourir avec votre disgrâce.

— Vous devenez flatteur, maître, et qui donc a fait ce grand changement ?

— Personne, madame, mais j'ai pensé qu'un jour je pourrais revenir en France, et qu'il me serait fatal de retrouver la même colère.

— Savez-vous si j'aurai encore le même pouvoir?

— Oh! vous avez, madame, un de ces pouvoirs qui ne périssent pas, à moins qu'on ne trahisse celui de qui on le tient.

— Que voulez-vous dire? répliqua la duchesse étonnée.

— Je veux dire, madame, que je suis venu vous offrir ce que vous avez déjà refusé, une babiole, comme vous appelez nos œuvres, et j'espère que vous permettrez au pauvre orfèvre de laisser son offrande comme le riche empereur.

— C'est d'un travail exquis, interrompit la duchesse en rougissant; et bien sûr, maître Benvenuto, vous avez une fée pour marraine.

— C'est bien peu de chose, madame,

ajouta l'orfévre en souriant, et il faudrait mêler à cela quelque beau diamant; ce que j'aurais fait avec plaisir si j'avais comme Charles-Quint les mines des Indes.

— Et qu'a dit notre roi de votre brusque départ? interrompit encore Anne de Pisseleu.

— Et que dira madame la duchesse de mon retour? répliqua Cellini.

— Elle dira, maître, que Benvenuto veut dire dans sa langue Bienvenu, et que vous serez toujours bienvenu chez elle.

— Merci mille fois, madame, car sans ces dernières paroles je n'aurais jamais osé revoir la France.

Madame d'Étampes tendit la main à Cellini en signe de réconciliation, son ancien ennemi y posa ses lèvres et prit congé d'elle.

Quelques jours après, Benvenuto partit et ne revint jamais en France. Madame d'Étampes avait tenu parole.

Et maintenant qu'il a pour jamais quitté la

France, oublions Benvenuto, laissons-le retourner à Florence, où il fait son Persée; se sauver à Venise, où il trouve le Titien; aller à Rome voir Michel-Ange, et revenir enfin à Florence, où il mourut en 1571.

Le Primatice resta donc seul à jouir de la faveur de François Ier, le roi artiste par excellence. Il continua ses travaux de Fontainebleau. La galerie d'Ulysse, qu'il exécuta entièrement, est un des plus beaux ouvrages du genre. La salle des Cent-Suisses, dont il avait fait les fresques, était une des belles choses que la France doive au Bolonais. C'est lui qui avait construit pour le cardinal de Lorraine le premier château de Meudon, conjointement avec Philibert Delorme.

En 1547, il perdit son royal protecteur; mais ce n'est pas lui, comme on l'a dit, qui donna le dessin du tombeau de François Ier à Saint-Denis, mais Philibert Delorme.

La faveur dont il avait joui sous François Ier se continua sous Henri II. Le Primatice, qui devait voir quatre règnes, devait voir aussi les plus grands événements qui se soient passés en France, et les plus grands hommes qu'il y ait eu au monde. Après avoir assisté à la lutte de François Ier et de Charles-Quint, il devait voir mourir l'un comme un débauché, l'autre comme un moine.

Le fils, nous l'avons dit, continua au peintre bolonais la protection dont l'avait honoré le père. C'était lui qui dirigeait les arts en France, non-seulement comme peintre, mais comme architecte. Il donnait les plans et dessins de tous les ouvrages de sculpture, d'ornement, d'ameublement. Rien ne se faisait comme monument que le Primatice n'y touchât. Il faut reconnaître dans ses œuvres, quoiqu'un peu maniérées, un côté éminemment poétique. Ses figures sont savamment contrastées, son style est gracieux et léger, plein de noblesse et de grandiose, enfin c'était un cadeau digne d'un roi que le duc de Mantoue avait fait à François Ier. Étranger, comme on le pense bien, à toute la politique de cette époque, il voyait tous les événements bizarres se suivre et se dérouler sous ses yeux, et il assista au tournoi où Montgomery accomplissait la prédiction faite en frappant mortellement Henri II.

La vie du Primatice, qui n'est rien par elle-même, devient intéressante par ceux de son époque qu'il voit naître, passer, mourir. En Italie il avait vu Michel-Ange, Raphaël, Bartolomeo et Benvenuto Cellini; en France le roi François Ier, si grand par sa chevalerie et ses amours; en Espagne Charles-Quint, le puissant empereur, et Ignace de Loyola, le premier jésuite; en Angleterre Henri VIII, le roi le plus marié qu'il y ait eu; en Allemagne et en Suisse Luther et Calvin, les deux réédificateurs. Deux ans après sa naissance, Christophe Colomb revenait du Nouveau-Monde; et dix ans avant sa mort, Marie Stuart quittait la France.

Car c'était une époque riche d'événements et puissante d'intérêt que celle de Charles-Quint et de François Ier, et c'était un siècle admirable à traverser que le seizième siècle. Le Primatice l'avait pris presqu'à sa naissance, et, si Dieu lui eût donné deux ans de plus, il eût entendu les cris de la Saint-Barthélemy. Il continuait donc, impassible au milieu de ces haines publiques, n'ayant plus pour son compte de haines particulières, changeant de maître quand les rois changeaient et ne perdant rien de sa position. Fontainebleau avait grandi. Au milieu des peintures du Rosso dans la galerie de François Ier, il avait jeté son tableau de Danaé comme un défi du peintre et comme une insulte à l'homme. Avec le Nicolo, son élève et son ami, il avait peint la galerie d'Ulysse, qui avait soixante-seize toises de long sur trois de large; elle était ornée de cinquante-huit tableaux mythologiques, auxquels avait encore travaillé le Nicolo. A tout cela se mêlaient des arabesques et des ornements d'or et de couleur. Cette galerie a été détruite depuis.

C'est encore à lui qu'il faut attribuer les fresques de la salle des Cent-Suisses.

Dans le premier tableau à droite on voit Cérès et quelques moissonneurs.

Dans le second, Vulcain forgeant des flèches à l'Amour par ordre de Vénus.

Au troisième, le Soleil accompagné des Quatre Saisons et des Heures. Sous des figures de femmes paraît le Zodiaque. Phaéton à ses pieds le supplie de lui donner son char à conduire.

Le quatrième représente la cabane de Philémon et Baucis, changée en temple pour les récompenser d'avoir reçu le maître du monde et son divin messager, et les habitants de Phrygie submergés pour avoir repoussé les hôtes célestes qui s'étaient présentés sous des figures humaines.

En face de ce tableau sont les noces de Thétis et Pélée, où la Discorde jette une pomme d'or pour semer la division parmi les dieux et les déesses, qui s'occupent en ce moment du petit Momus, leur bouffon, qui les fait rire.

Un sixième tableau représente les trois Grâces dansant dans une récréation des dieux.

Le septième se compose d'Apollon et des neuf Muses avec leurs attributs.

Bacchus au milieu de sa cour, environné de Satyres, de lions et de léopards, est représenté dans le huitième.

Les voûtes des croisées sont semées aussi de fresques.

A la première, Neptune, un Amour qui joue dans l'air, Bacchus avec des Naïades, Thétis, la déesse de la mer.

A la seconde, Jupiter sa foudre à la main, deux nautoniers au repos, Mars, un vieillard près d'un jeune homme, et Junon, la fière épouse de Jupiter.

A la troisième, le dieu Pan, Comus tenant un flambeau, l'Abondance, Esculape ayant à ses pieds une baguette où s'enroule un serpent, Cérès avec une couronne d'épis sur la tête et une corne d'abondance dans ses mains.

A la quatrième, Hercule couché, Caron avec Cerbère, à ses pieds un vieillard endormi représentant le sommeil, Saturne, dieu du temps, et Déjanire tenant dans ses mains la tunique qui fit mourir Hercule son époux.

La cinquième représente Adonis se reposant, deux vieillards causant, un Amour qui joue dans l'air comme à la première croisée, un bon emblème de la Vigilance aux pieds d'une dormeuse; enfin, Minerve.

A la sixième sont peints Cupidon et Vénus, Narcisse, l'enlèvement de Ganymède, Bellone et Mars endormi.

A la suivante une Naïade qui joue dans l'eau. Amphion, le mari de Niobé, dont Diane et Apollon tuent les enfants. Vulcain tenant un filet. La Confiance sous la figure d'un jeune homme et d'un vieillard couchés sur une lionne.

A l'autre, Hébé avec une coupe à la main, entourée des coupes dans lesquelles elle donne à boire aux dieux; deux vieillards assis qui viennent de prendre une résolution; Janus, le roi aux deux faces; des Nymphes et des

Naïades, Bacchus environné de vases et de raisins.

Cybèle représentant la terre sous la forme d'une femme ayant un château-fort sur la tête, Mars et Vénus, Hyménée, Cupidon et un Amour qui dorment près d'une Nymphe en pleurs, et Saturne endormi forment la neuvième croisée.

Enfin la dixième croisée est composée de Flore, Morphée avec le Sommeil couché à côté de lui au milieu des pavots, Jupiter sur son trône, l'Hiver sous la figure de deux vieillards, et Vulcain couché près de son fourneau.

Aux deux côtés de la cheminée se trouvent encore deux tableaux. L'un représente François Ier tuant un sanglier, c'est celui de droite; l'autre est un condamné qui pour obtenir sa grâce combat un loup-cervier, c'est celui de gauche. Au-dessous de ce dernier est une Diane au repos, qui n'est autre que la rivale de madame d'Etampes, Diane de Poitiers. Enfin dans le fond de la salle est un grand tableau peint à fresque et représentant tous les instruments de musique connus de ce temps.

Toutes ces peintures sont du Primatice ou du moins il a travaillé à toutes et en a fourni les dessins. Nous l'avons dit : malgré le côté un peu maniéré de ces compositions elles sont empreintes de vigueur et de grandiose, et la salle des Cent-Suisses, ou de Henri II, est la plus belle qui soit peut-être au monde.

Ces travaux n'étaient pas encore terminés quand mourut Henri II. François II, qui lui succéda, laissa, comme son prédécesseur, l'intendance de ses bâtiments au peintre bolonais, qui, comblé de richesses, vivait en grand seigneur.

Il devait voir encore passer ce règne comme il avait vu passer les deux autres, et devait voir l'heureuse fiancée de François II, Marie Stuart, prendre à Paris une couronne de reine, et la voir repartir quelques mois après pour aller prendre en Angleterre sa couronne de martyre. Veuve de dix-neuf ans, qui, en sortant du deuil de sa mère, passa au deuil de son époux ; reine poétique, qui envoya dans un dernier adieu à la France, où elle

laissa le corps de son époux, ces vers tristes
et mélancoliques :

>Adieu plaisant pays de France,
>   O ma patrie
>   La plus chérie
>Qui as nourri ma jeune enfance !
>Adieu France, adieu mes beaux jours,
>La nef qui disjoint nos amours,
>N'a eu de moi que la moitié,
>Une part te reste, elle est tienne,
>Je la fie à ton amitié
>Pour que de l'autre il te souvienne.

Quand le roi fut mort la reine-mère commanda à Primaticio le tombeau de Henri II au milieu d'une chapelle, et aux quatre façades les tombeaux de ses fils, et orna, en outre, cette chapelle d'une quantité de bas-reliefs, de statues et de bronzes. C'est une des œuvres les plus grandes et les plus belles que le peintre-sculpteur ait laissées à la France.

A cette époque Primaticio était âgé de soixante-dix ans, il avait vu mourir tous les artistes qui l'environnaient, excepté Benvenuto.

A François II succéda Charles IX, et ce

fut le dernier roi que vit notre peintre jusqu'en 1570, époque à laquelle il mourut à son tour, âgé de quatre-vingts ans.

La France a conservé de lui deux tableaux : l'un, Scipion rendant à Allutius son épouse ; l'autre, une composition allégorique dont on ignore le sujet. Le Louvre possède encore six dessins de lui, dont quatre avaient été exécutés dans le château de Fontainebleau.

Deux ans plus tard, son dernier rival, Jean Goujon, mourut tué d'un coup d'arquebuse le 24 août 1572, jour de la Saint-Barthélemy.

CORNEILLE BEGA.

Corneille Bega vécut à Harleim et fut l'élève de Van-Ostade. Son père se nommait Pierre Begeyn ; mais quelques folies de jeunesse l'ayant fait chasser de chez son père, il prit le nom de Bega, pour que le scandale de ces folies ne retombât point sur sa famille. Ce fut donc sous le nom de Bega qu'il devint célèbre.

Sa vie fut courte et peu accidentée, se partagea entre l'amour et l'art. Lors de la peste de Harlem, il se trouvait près de sa maîtresse, attaquée de cette maladie : tout le monde avait abandonné la pauvre femme ; lui seul resta près d'elle, fut atteint du même mal qu'elle, et mourut le lendemain du jour où elle était morte, le 27 août 1664.

Les deux tableaux de Bega que possède la Galerie de Florence portent la date de 1664, et ont par conséquent été achevés l'année même de sa mort. Ces deux tableaux, peints sur bois, représentent un Homme et une Femme jouant du luth. A cette époque, Bega, pour vouloir être plus grand qu'il n'avait été, perdait quelque peu de sa valeur : pour donner à ses figures plus d'expression et de grâce, il était tombé dans l'affectation ; et, à force de chercher l'union des couleurs et le charme des détails, il était tombé dans la monotonie et dans le précieux ; enfin, à force de chercher le fini, il était tombé dans la sécheresse.

Cela n'empêche point que les tableaux de Bega n'aient une valeur que leur rareté rend plus grande encore.

FIN.